Gevallen van insolventie van KMO's door eigenaars

Anddy Park

Over de auteur

Anddy Park

Anddy is de financieel directeur van Yuil technolgy investment, een Zuid-Koreaanse risicokapitaalonderneming, en een van de belangrijkste beheerders van haar risicokapitaalfonds.

Hij heeft gewerkt als durfkapitalist bij KDB Capital en als accountant bij Choeun Savings Bank. Hij was ook CEO van Yuil Capital Partners en Careernet en heeft een brede ervaring, van bedrijfsadvies tot risicokapitaal en consumentenfinanciering.

Als senior executive van een financiële instelling gedurende meer dan 10 jaar heeft hij ervaren hoe veranderingen in de macro-economische omgeving het lot van financiële instellingen kunnen bepalen. Op basis van deze ervaring raakte hij geïnteresseerd in de oorzaken en gevolgen van economische crises, met name in 1997 toen Korea een reddingspakket bij het IMF aanvroeg en in 1998 toen financiële instellingen en bedrijven werden geherstructureerd. Naar aanleiding daarvan schreef hij het boek Money, Speculation and Fraud.

Het boek is een verzameling voorbeelden uit de praktijk, gebaseerd op zijn ervaringen, waarvan hij hoopt dat ze als les kunnen dienen voor kleine ondernemers.

Anddy is afgestudeerd aan de Universiteit van Korea met een graad in economie en heeft 30 jaar ervaring in financiële instellingen en het bedrijfsleven; hij is de auteur van vier boeken: Geld, Speculatie, Fraude en Financieel ABC voor Dummies.

Inhoudsopgave

Prolog

1. De Koreaanse versie van Ripley's Believe It or Not

2. Misbruik van octrooien

3. Lobby- en boekhoudfraude

4. Een vrouwelijke president en een Koreaanse voorzitter die in Japan wonen

5. een wijnbar met een vrouwelijke eigenaar

6. Lobbyisme en gangsters, waar houdt het op?

7. Voorzitter, u moet toch onderscheid maken tussen openbare en particuliere bedrijven?

8 Mislukte investering in een buitenlandse entiteit

9. Naast de baas, is de vrouw van de baas ook de voorzitter

Prolog

In mijn bijna 30 jaar in de bedrijfswereld heb ik met veel kleine en middelgrote bedrijven gewerkt, en hoewel er enkele fantastische voorbeelden zijn van bedrijven die zijn uitgegroeid tot middelgrote bedrijven, zijn er ook heel wat die nu zijn verdwenen.

De verhalen van beste praktijken worden vaak bekendgemaakt door verslaggevers uit te nodigen om de CEO te interviewen wanneer dat nodig is, door groeiverhalen te schrijven en ze in de media bekend te maken, maar de verhalen van de bedrijven die failliet gingen of van de markt verdwenen zijn vaak moeilijk te horen, tenzij je erbij betrokken was of in de sector actief was.

In mijn eigen geval heb ik van faillissementen gehoord door mijn werk in management consultancy en bij investeringen en leningen aan financiële instellingen, of door mijn directe rol als financieel directeur. Ik heb ook veel verhalen van kennissen gehoord over failliete bedrijven.

Deze verhalen zijn moeilijker te vinden dan beste praktijken, en ik hoop dat ze kunnen dienen als waardevolle voorbeelden van wat kleine en middelgrote ondernemingen die momenteel worstelen om te overleven, niet moeten doen.

Omdat sommige van de verhalen klokkenluiders zijn, zijn pseudoniemen gebruikt in plaats van directe verwijzingen naar echte namen, en de verhalen zijn gebaseerd op non-fictie, met onvermijdelijk wat fictie in de mix.

Net zoals er veel dictaturen in de wereld zijn, zijn er ook veel dictators in bedrijven. Ik geef de dictators in bedrijven niet de schuld, want sommige mensen richten bedrijven op om dictators te zijn.

Maar als de dictator incompetent of hebzuchtig is of geen onderscheid kan maken tussen zaken en plezier, zijn de meeste werknemers niet immuun voor de tirannie van de dictator en moeten zij de pijn verdragen in het belang van het bedrijf.

Velen van ons kunnen zich de zelfdestructieve, vernederende situaties voorstellen die we moeten doorstaan om de kost te verdienen, maar de dictator lijkt te genieten van de pijn en toont geen teken van verontschuldiging of wroeging, en de ongecontroleerde macht wordt alleen maar sterker.

In de hoop dat dictators zich zullen realiseren dat hun beslissingen ingrijpende gevolgen hebben voor de bestaansmiddelen van talloze werknemers en hun gezinnen die leven en sterven van hun bedrijven, kijken we hoe hun acties hebben geleid tot de ondergang van bedrijven.

Dit boek analyseert niet de rechten en plichten van faillissement en verduistering, maar is een voorzichtige en luchtige kijk op hoe de acties van mensen die een grote invloed op een bedrijf kunnen hebben, een organisatie kunnen beïnvloeden.

1. De Koreaanse versie van Ripley's Believe It or Not

Ik koos de eerste aflevering om het verhaal te vertellen van Kim, de eigenaar van een spaarbank (een Koreaanse financiële instelling vergelijkbaar met S&L's in de VS) waar een kennis van mij werkte. Hij bouwde de bank uit tot de zevende grootste financiële instelling van het land met 2 biljoen dollar aan activa, maar werd betrapt op het stelen van geld van klanten en probeerde vlak voor de sluiting van de bank onder te duiken.

Kim werd in 1956 geboren in een arme boerenfamilie in Asan, provincie Chungcheongnam, Zuid-Korea, als oudste van drie zonen en een dochter. Na de lagere school ging hij naar de middelbare school, maar die werd niet officieel erkend, en zelfs toen werd hij als onruststoker bestempeld en van school gestuurd. Daarna verhuisde hij naar Seoul en zou in een fabriek hebben gewerkt.

Hij was een bedrieger die beweerde rechten te studeren aan de SNU (Seoul National University), een van de beste universiteiten van Zuid-Korea, hoewel zijn echte opleiding bestond uit een GED (General Educational Development Test) en een tweejarig community college diploma.

Nadat hij bij het leger was gegaan, ontmoette Kim een student rechten van de SNU die in 1978 bij het leger was gegaan. Zoals oplichters vaak doen, vertelde Kim de man dat hij ook rechten studeerde aan de Seoul National University, dat hij de middelbare school had afgemaakt met een GED omdat zijn familie arm was, en dat hij zich bij het leger had aangesloten zodra hij was toegelaten tot de rechtenstudie omdat hij niemand kende op de rechtenstudie.

De twee werden goede vrienden, en zelfs nadat hij het leger had verlaten, volgde hij zijn vriend naar de Seoul National University Law School Alumni Association en leefde het leven van een Koreaanse versie van Ripley.

Het Ripley-syndroom, bekend geworden door de films Purple Noon met Alain Delon en The Talented Mr Ripley met Matt Damon in de hoofdrol, is een aandoening waarbij iemand stellig gelooft dat een vals beeld van zichzelf zijn ware ik is en daarnaar leeft. Hoewel het Ripley-syndroom zelf niet wordt erkend als een geestesziekte, wordt het behandeld als een van de symptomen van andere stoornissen zoals grootheidswaan en waanvoorstellingen.

Het is een verschijnsel waarbij een persoon met een hoge prestatiebehoefte die niet aan zijn behoeften kan voldoen, lijdt aan gevoelens van minderwaardigheid en slachtofferschap en herhaaldelijk en gewoonlijk leugens vertelt waarvan hij gelooft dat ze waar zijn en verkeerd handelt in een wereld die hij heeft gecreëerd.

Toen hij naar Seoel verhuisde, loog hij tegen zijn ouders dat hij was geslaagd voor het toelatingsexamen voor een rechtenstudie aan de Seoul National University en ging hij met zijn ouders op de foto voor de hoofdingang van de universiteit.

Na zijn ontslag uit het leger vervalste hij een studentenkaart en begon bijeenkomsten bij te wonen van afgestudeerden van SNU Law, waar hij de voorzitter van de groep werd met de welsprekendheid en schaamteloosheid van een oplichter.

In die tijd heerste er op de rechtenfaculteit van de Seoul National University een individualistische sfeer die gericht was op het studeren voor het balie-examen, en niemand wilde algemene faculteitstaken op zich nemen. In zo'n situatie kon zijn imago als proactieve student die het initiatief nam om te helpen bij afdelingsactiviteiten alleen maar goed zijn.

Hij volgde dagelijks de lessen rechten aan de SNU, deed examens en breidde zijn activiteiten uit tot buiten de grenzen van een schijnstudent door onder meer te fungeren als voorzitter van de studentenraad, clubvoorzitter, voorzitter van de GED-club en klassenvoorzitter.

In die tijd waren de studentendossiers nog niet geautomatiseerd en in de rechtenfaculteit bereidden veel studenten zich voor op het advocatuurexamen.

Hij maakte ook gebruik van het feit dat hij rechten studeerde aan de nationale universiteit van Seoel om bijles te geven. Hij gaf voornamelijk bijles aan derdejaars middelbare scholieren, waarbij hij zich concentreerde op toelatingsexamens voor de universiteit.
Tegelijkertijd bereidde hij zich voor op het advocatuurexamen en deed de eerste ronde toen hij nog student was. Hoewel hij beweerde met één vraag te zijn gezakt, was zijn gemiddelde score in de eerste ronde 26 van de 100.

Zijn ijver werd erkend door zijn klasgenoten en medestudenten, en een medestudent stelde hem voor aan de zus van zijn neef, de dochter van de voorzitter van een groot ziekenhuis, die verpleegkunde studeerde aan een van de meest prestigieuze vrouwenuniversiteiten van Zuid-Korea.

In 1982 deed Kim zich voor als rechtenstudent aan de Nationale Universiteit van Seoel en trouwde met de dochter van de ziekenhuisdirecteur aan wie hij door een medestudent was voorgesteld. De decaan van de rechtenfaculteit van de Seoul National University voerde de huwelijksceremonie uit en de meeste rechtenstudenten waren als gasten aanwezig.

Niemand vermoedde dat Kim een valse SNU rechtenstudent was omdat hij zo opvallend en oververtegenwoordigd was bij diverse evenementen op de school.

Zijn medestudenten vierden zijn huwelijk door hun geld te bundelen en een koelkast voor hem te kopen als huwelijksgeschenk.

Hij loog tegen de ouders van een student voor wie hij bijles gaf, vertelde hen dat hij geslaagd was voor de eerste ronde van het advocatuurexamen en lokte hen door te beweren dat hij een goede investering had, zodat hij een hypotheek nam op een woning en het geld gebruikte om zijn nieuwe huis te kopen.

Kim's zwendel kwam aan het licht in 1983 toen hij het jaarboek schreef van de Seoul National University Law School. Dat jaar moesten de jaarboeken voor het eerst de echte namen en middelbare scholen van de studenten vermelden, en toen zijn echte naam werd gecontroleerd, werd ontdekt dat hij een valse SNU-student was.

Hij had zelfs een afstudeerfoto gemaakt voor het jaarboek, zonder zijn adres voor het jaarboek op te schrijven, maar toen het kantoor van het ministerie na zijn huwelijk en huwelijksreis het register controleerde om het adres voor hem in te voeren, bleek dat hij een nepstudent was. Het was een groot incident dat destijds in de media kwam en later het onderwerp werd van een roman.

Hij werd niet wettelijk gestraft voor deze frauduleuze daad, aangezien hij geen schade toebracht aan andere studenten. Aangezien er geen wettelijke basis voor straf was en zijn imago op school op dat moment niet slecht was, werden hem geen sancties opgelegd, zelfs niet nadat bevestigd was dat hij een nepstudent was.

Toen werd ontdekt dat Kim een nepstudent was, gingen sommige studenten van de school naar hem op zoek, waaronder één die nu president van Zuid-Korea is.

Maar zelfs nadat hij was ontmaskerd als een valse SNU rechtenstudent, bleef Kim contact houden met alumni, vooral door het bijwonen van SNU rechtenstudentenbijeenkomsten, wat door de echte alumni werd getolereerd omdat hij een goed imago en een grote vriendenkring had door hen te begeleiden bij hun academische loopbaan.

Toen het bedrog aan het licht kwam, drong de familie van de dochter van de ziekenhuisdirecteur, die getrouwd was met voorzitter Kim, er natuurlijk bij haar op aan om van hem te scheiden, maar zij was zeven maanden zwanger en de sociale vooroordelen tegen gescheiden vrouwen waren in die tijd zeer sterk.

Kim bedroog de familie van een voormalige leraar voor een totaalbedrag van 16 miljoen won (ongeveer 12.000 dollar) onder het mom van collegegeld en advies voor toelatingsexamens voor de universiteit, en werd door de politie gearresteerd en gevangen gezet voor oplichting van verschillende investeerders. In die tijd bedroeg het maandsalaris van een groot bedrijf ongeveer 300.000 won (ongeveer 230 dollar), dus 16 miljoen won was een groot bedrag.

In 1985 solliciteerde hij naar een baan bij de Daewoo Group, een groot conglomeraat in die tijd, en werd aangenomen. In die tijd nam de Daewoo Group alleen afgestudeerden aan van prestigieuze universiteiten als de Seoul National University, de Korea University en de Yonsei University, en hoewel hij het lakse personeelssysteem van het bedrijf doorliep, werd hij drie maanden nadat hij bij het bedrijf in dienst was getreden ontslagen omdat uit de achtergrondcontrole van het bedrijf bleek dat hij een nepstudent was.

Kim leende vervolgens geld van zijn rijke schoonfamilie om verschillende bedrijven te beginnen, die allemaal mislukten, zodat hij genoeg geld kon sparen om een vastgoedontwikkelingsbedrijf en een steengroeve te kopen, waarin hij toevallig investeerde. Vervolgens gebruikte hij dit geld om een bouwbedrijf te kopen dat tijdens de Koreaanse financiële crisis in 1997 failliet ging, waardoor hij miljarden won aan schulden overhield. Op dat moment werd de heer Kim een slecht kredietrisico.

Niettemin betrad Kim de financiële sector in 1999 toen hij de op het eiland Jeju gevestigde Korea Mutual Credit Bank overnam voor 500 miljoen won, waarbij hij de naam van zijn broer gebruikte in plaats van zijn eigen naam.

Na de financiële crisis in Zuid-Korea in 1997 versoepelde de Zuid-Koreaanse regering de regelgeving inzake de overname van financiële instellingen om de overname van in moeilijkheden verkerende financiële instellingen te vergemakkelijken en schafte zij onder meer de kwalificatietest voor grootaandeelhouders af.

Na de overname gebruikte hij de Seoul National University Former Law Students Association, die hij ook na de nepstudentenzwendel in stand had gehouden en gesteund, om zijn vrienden en voormalige klasgenoten voor de spaarbank te werven.

Vanwege zijn slechte kredietwaardigheid voelde hij zich echter niet op zijn gemak om zichzelf tot manager te benoemen. In plaats daarvan had hij iemand met een hoger profiel nodig om de leiding over te nemen, en een kennis stelde hem voor aan een andere durfkapitalist, de heer Yoon.

Yoon was een oplichter en moordenaar die zijn vrouw in Hongkong had vermoord, tevergeefs had geprobeerd asiel aan te vragen bij de Noord-Koreaanse ambassade in Hongkong, en vervolgens was teruggekeerd naar Zuid-Korea, waarbij hij loog dat hij haar had vermoord omdat ze een Noord-Koreaanse spion was en opschepte dat hij een anticommunistische strijder was.

Yun kwam uit dezelfde provincie Chungcheongnam als Kim, verliet de middelbare school en zat slechts zes maanden in het leger, maar beweerde ten onrechte dat hij was afgestudeerd aan een militaire academie.

Als CEO van Pass21, een bedrijf voor vingerafdruklezers, deed hij zich voor als durfkapitalist en betaalde hij veel steekpenningen aan overheidsambtenaren.

Voorzitter Kim benoemde Yoon, die naar verluidt een kleurrijk cv had, tot CEO van een financiële instelling die hij had overgenomen en gebruikte zijn bekendheid om die te promoten.

Maar toen de waarheid over Yoons moord aan het licht kwam en Yoon in de gevangenis belandde, werd Kim gedwongen om zelf CEO en voorzitter van de financiële instelling te worden.

De bank werd in 2000 omgedoopt tot Mirae Savings Bank en nam in 2002 Budget Savings Bank en in 2005 Samhwan Savings Bank over. In 2005 breidde de bank haar bereik uit door een filiaal te openen in Gangnam, Seoul, en in 2009 nam zij de Hanil Savings Bank over. Meer dan tien jaar na de overname is Mirae Savings Bank opgeklommen tot de zevende grootste financiële instelling van het land met 2 biljoen KRW aan activa.

Het belangrijkste inkomstenproduct van Mirae Savings Bank waren overnight leningen. Terwijl normale leningen een onderpand vereisen en het onderpand wordt verkocht wanneer de rente of hoofdsom drie of vier keer te laat is, vereisen overnight leningen elke dag hoofdsom en rente, zodat het onderpand kan worden geveild zodra het drie of vier dagen te laat is.

Een representatief onderpand dat op deze manier werd weggehaald is het Geonjae Old House in Asan, Chungcheongnam-do.

Het was een huis waar de afstammelingen van een vooraanstaande familie genaamd Yigan woonden tijdens de Joseon Dynastie. Tijdens het bewind van koning Gojong van de Joseon-dynastie kocht een man genaamd Gunjae Lee Sang-ik verschillende nabijgelegen bakstenen huizen en bouwde een typisch bakstenen huis dat zo waardevol was dat het werd uitgeroepen tot nationale volksschat.

De pijnbomen in de tuin van het huis alleen al zijn naar verluidt enkele miljarden won waard. Toen Lee, een afstammeling van Lee Sang-ik, een lening van 7 miljard won (5,26 miljoen dollar) afsloot bij de Mirae Savings Bank met het huis als onderpand voor zijn levensmiddelenbedrijf, en Lee de lening niet kon afbetalen, veilde voorzitter Kim het huis en nam het in bezit.

Nadat Lee het eigendom van het huis had verloren, pleegde hij naar verluidt zelfmoord omdat hij zich schuldig voelde omdat hij het eigendom dat hij van zijn vorouders had geërfd niet kon beschermen.

Kim veranderde het huis in een privévilla en kocht de omliggende kastanjebomen en 80.000 vierkante meter grond op naam van een familielid, waar hij allerlei bloemen en bomen plantte en een privétuin aanlegde. De villa was zo groot dat je hem alleen kon zien als je 15 minuten over het gazon liep.

Voorzitter Kim kocht ook 3.305.800 ㎡ grond in het Asan-gebied van Chungcheongnam-do om er een prachtige golfbaan met de naam CC aan te leggen, die hij op naam van een ander leende om de aanleg van de golfbaan te financieren. Van deze leningen bedroeg de illegale lening van Mirae Savings Bank alleen al meer dan 200 miljard won (150 miljoen dollar).

Tijdens dit proces vernam de heer Heo, een andere fraudeur, dat voorzitter Kim een illegale lening van 200 miljard won had afgesloten om de aanleg van de golfbaan te financieren, en samen met de heer Lee, een voormalige parlementaire medewerker, stuurde hij een e-mail naar voorzitter Kim en bedreigde hem.

Door druk uit te oefenen op de financiële toezichthoudende autoriteit en het Openbaar Ministerie om de illegale leningen van voorzitter Kim aan te geven, perste Heo 380 miljoen won (ongeveer 300.000 US dollar) van Kim af. Hij heeft ook 85 miljoen won afgeperst. Ook perste hij 85 miljoen won (ongeveer 64 000 USD) af van Kim, een werknemer van de Mirae Savings Bank die betrokken was bij de illegale leningen, door hem te dreigen dat hij ook in de gevangenis zou belanden als het onderzoek naar de illegale leningen zou worden voortgezet.

Heo, die uiteindelijk werd gearresteerd wegens fraude, was afgestudeerd aan de Harvard Law School in de VS en had gediend als hoofd van de Koreaanse en Hongkongse afdelingen van de Amerikaanse Central Intelligence Agency (CIA), maar hij bleek slechts een middelbare schooldiploma te hebben.

Toen de Zuid-Koreaanse vastgoedmarkt eind jaren 2000 instortte, begonnen leningen voor vastgoedprojectfinanciering (PF), een belangrijk product van de spaarbanken, te mislukken.
Daardoor daalde de solvabiliteitsratio van Mirae Savings Bank, die eind juni 2010 9,34% bedroeg, binnen een jaar tot -10,17%. De belangrijkste oorzaak van de ineenstorting was Kim zelf.

Op 5 juni 2011 om 3 uur 's nachts, toen de winstgevendheid van de Spaarbank verslechterde, reed zijn zoon, die ambtenaar was bij het Gwanak-districtskantoor van Seoul (een vorm van Zuid-Koreaanse militaire dienst waardoor hij als ambtenaar bij het districtskantoor kon werken), met hoge snelheid in op een Mercedes Benz in Apgujeong-dong, Gangnam-gu, Seoul, waarbij hij zes of zeven auto's ramde en zes mensen ernstig verwondde.

De zoon van voorzitter Kim, die op dat moment dronken was, reed in een Benz die geleased was van de Mirae Savings Bank en botste op acht auto's voordat hij vluchtte en werd opgepakt door de politie, die werd gesignaleerd door taxichauffeurs die getuige waren van het vluchtmisdrijf.

Zijn alcoholpromillage bedroeg op dat moment 0,137 procent en de zoon van Kim zou tegen de taxichauffeur die hem achtervolgde hebben geroepen: "Mijn vader is de baas van Mirae Savings Bank.

Ondertussen verslechterde het beheer van de spaarbank, zodat voorzitter Kim de BIS-ratio moest verhogen tot meer dan 8 procent om te voorkomen dat de bank failliet zou gaan. Om dit te bereiken moest hij het kapitaal van Mirae Savings Bank verhogen, dus smeedde hij een plan met Lim, de voorzitter van Solomon Savings Bank, en Hong Won-jeong, de directeur van Seomi Gallery, die kunstwerken van beroemde politici en zakenlieden te gelde had gemaakt.

Hong's schoonvader en zwager waren beiden chaebols, dus hij kende de chaebols en had hun schilderijen voor hen te gelde gemaakt. Omdat de waarde van schilderijen niet duidelijk kon worden vastgesteld, werd deze handel vaak gebruikt om belastingen te ontduiken en geld te verbergen.

Eerst leende Kim de Solomon Savings Bank 28,5 miljard won (21 miljoen dollar) als onderpand voor een kapitaalverhoging van 3 miljard won (2,2 miljoen dollar), waarbij hij de schilderijen die hij in de galerie had als onderpand gebruikte. Kim verpandde vervolgens een deel van de schilderijen die hij van de galerie had gekregen als onderpand terug aan Solomon Savings Bank en kreeg een lening van 30 miljard won (22,5 miljoen dollar).

Vervolgens verpandde hij de rest van de schilderijen die hij van Sumi Gallery had ontvangen als onderpand aan Hana Capital, en Mirae Savings Bank ontving een kapitaalverhoging van 14,5 miljard won (USD 11 miljoen) van Hana Capital. Hij overtuigde ook de werknemers van het bedrijf om met 8 miljard won (6 miljoen dollar) van hun salaris en ontslagvergoeding deel te nemen aan de kapitaalverhoging van Mirae Savings Bank.

Mirae Savings Bank, waarvan de BIS-ratio door slecht beheer tot -16% daalde, werd echter uiteindelijk in mei 2012 geschorst, en de leidinggevenden van de spaarbank, die via fraude en illegale leningen geld van klanten hadden gestolen, konden hun gerechtelijke straf niet ontlopen. Daarom werden de leidinggevenden van de spaarbank, waaronder voorzitter Kim, verzocht het land te verlaten.

Op 3 mei 2012 zei Kim tegen het personeel: "De kansen zijn minder dan 50/50, maar we zullen ons best doen om de spaarbank te redden." Hij moedigde het personeel aan en spoorde hen aan niet op te geven.

Destijds was het motto van Mirae Savings Bank "verander van gedachten", maar Kim veranderde niet van gedachten over het redden van de bank en wilde in plaats daarvan ontsnappen door geld over te hevelen.
In april 2012 nam Kim 200.000 aandelen van een groot conglomeraat uit handen van Mirae Savings Bank en spande samen met een woekeraar om hem 8 miljard won (6 miljoen dollar) aan vergoedingen te betalen en ongeveer 19 miljard won (ongeveer 14 miljoen dollar) vooruit te betalen.

Nadat hij zijn medewerkers had aangemoedigd, ging Kim naar een filiaal van de Woori Bank, waar 25 miljard won (ongeveer 19 miljoen dollar) van Mirae Savings Bank was gestort, en probeerde het geld op te nemen zonder medeweten van de medewerkers van het bedrijf.

Op dat moment had een medewerker van de spaarbank, uit vrees voor een run op de bank als gevolg van de verslechtering van het management van Mirae

Savings Bank, 5 miljard won (ongeveer 4 miljoen USD) vooraf opgenomen en op een andere rekening van Mirae Savings Bank gestort, zodat het voor opname beschikbare bedrag 20,3 miljard won (ongeveer 15 miljoen USD) bedroeg.

Toen de bankmedewerkers voorzitter Kim, die het wachtwoord niet kende omdat de medewerkers het hem niet hadden verteld, vertelden dat hij het geld niet kon opnemen, bracht hij de relevante documenten mee, waaronder het bedrijfszegel en zijn persoonlijke zegel, stelde het wachtwoord van de rekening opnieuw in en nam uiteindelijk 20,3 miljard won in contanten op.

De Woori Bank, die bij het resetten van het wachtwoord van de rekening de reden voor de wijziging niet had vermeld, kreeg later een boete van de financiële toezichthoudende autoriteit en tegen de verantwoordelijke persoon werd een tuchtprocedure ingeleid.

Kim, die er met ongeveer 40 miljard won (ongeveer 30 miljoen dollar) vandoor was gegaan, waarvan 20,3 miljard won (ongeveer 15 miljoen dollar) die hij bij de bank had opgenomen en 19 miljard won (ongeveer 14 miljoen dollar) die hij had opgehaald door aandelen uit te betalen. $), die hij had opgebracht door aandelen vooruit te betalen, naar China via de Gungpyeong-haven in Hwaseong, provincie Gyeonggi, vertrouwde hij 5,6 miljard won (ongeveer 4,2 miljoen dollar) toe aan een chauffeur die een klasgenoot was van Kims lagere school om hen later naar de haven te brengen.
De chauffeur vluchtte echter met het geld en verscheen nooit in de haven.

Nadat hij de heer Oh, een voormalige gangster en smokkelaar, in de haven van Gungpyeong in Hwaseong, Gyeonggi-do, had ontmoet om hem aan boord van een klein vaartuig van 9,5 ton te smokkelen, werd Kim door undercoveragenten van de Zuid-Koreaanse kustwacht ontdekt en in de kajuit van het smokkelvaartuig gearresteerd.

Op het moment van zijn arrestatie had Kim naar verluidt een paspoort en 12 miljoen won (9.000 US dollar) in contanten bij zich en verklaarde hij zijn onschuld: "Ik probeerde niet te smokkelen, ik probeerde alleen op het schip te komen." De tientallen miljarden won in contanten die Kim had geregeld werden niet gevonden op de plaats delict, en het is niet bekend waar hij ze heeft verstopt.

Bij de Mirae Savings Bank, die samen met de Solomon Savings Bank op 6 mei 2012 werd gesloten vanwege Kims wanbeleid, waren 88.000 spaarders, van wie er 2.000 zonder geld kwamen te zitten.

Hij zou meer dan 250 miljard won (ongeveer 190 miljoen dollar) van de spaarbank hebben gestolen en verborgen, volgens een onderzoeksnota van het openbaar ministerie die na Kims arrestatie werd vrijgegeven.

Hij wordt er ook van verdacht geld te hebben verduisterd door een schilderij van zijn dochter, die kunststudente was, voor een exorbitant bedrag te kopen en illegaal 10 miljard won (ongeveer 7,5 miljoen USD) te lenen aan een visbuffetbedrijf op naam van zijn vrouw.
Ook bleek dat hij 27 miljard won (ongeveer 20 miljoen USD) illegaal had geleend voor de financiering van een casinobedrijf in de Filipijnen en 150 miljard won (ongeveer 110 miljoen USD) aan een bedrijf dat eigendom was van Kim via een derde partij.

In het eerste proces in januari 2013 werd hij veroordeeld tot negen jaar gevangenisstraf, maar de straf werd in december 2013 in hoger beroep teruggebracht tot acht jaar.
Kim werd onder meer schuldig bevonden aan het verduisteren van 302,8 miljard won (227 miljoen dollar), het verduisteren van 57,1 miljard won (43 miljoen dollar) en het verstrekken van leningen van 526,8 miljard won (396 miljoen dollar) aan de meerderheidsaandeelhouder van een spaarbank, en werd veroordeeld tot acht jaar gevangenisstraf.

Voorzitter Kim zou in de gevangenis een zelfmoordpoging hebben ondernomen nadat hij van de zelfmoord van zijn geliefde had gehoord.

Zijn eerste neef, een achterneef, had Kim aan geld geholpen toen hij de Cheonan-vestiging van Mirae Savings Bank leidde, maar na Kims arrestatie en tijdens het onderzoek zou hij zelfmoord hebben gepleegd door zich aan een straatboom op te hangen.

Ook een medewerker van de Mirae Savings Bank pleegde zelfmoord toen hij door de politie werd onderzocht. Hij liet een zelfmoordbrief achter waarin hij verklaarde dat het oneerlijk was om van verduistering te worden verdacht.

Voorzitter Kim zou boeken hebben meegenomen en ijverig hebben gestudeerd toen hij in de gevangenis zat, aangezien hij een academicus was die eerder rechten had gestudeerd.

Er wordt aangenomen dat hij uit de gevangenis is vrijgelaten nadat hij zijn straf had uitgezeten, maar er is geen informatie over zijn verblijfplaats.

2. Misbruik van octrooien

De heer Song studeerde elektronica en werkte als software-ingenieur bij S Electronics, een groot Koreaans conglomeraat, waar hij teamleider was. Na 10 jaar werken vond hij echter dat de starre bedrijfscultuur en de steeds fellere concurrentie zijn leven verpestten, dus besloot hij voor zichzelf te beginnen.

Toen hij midden dertig was, begon hij een bedrijf door een artikel dat hij in gedachten had op de markt te brengen. Omdat hij zich overweldigd voelde door de positie van directeur, nam hij een hooggeplaatst persoon in dienst om de rol van directeur over te nemen en gaf hem de helft van de aandelen om zijn rol als directeur in te vullen.

In de begindagen van het bedrijf waren er meer problemen met de verkoop dan met de technologie, zoals bij elk ander bedrijf, en de nieuwe algemeen directeur was bij zijn vorige baan goed behandeld, zodat hij geen actieve rol speelde in de verkoop, het management of de technologie, zodat de heer Song in de meeste zaken de leiding nam.
Na ongeveer een jaar strijd had het bedrijf zich enigszins gevestigd, en in het proces van het plannen van de technologische richting die de toekomst van het bedrijf zou bepalen, ontstond een geschil met de nieuwe CEO.

Tijdens dit proces ontdekte de heer Song dat de CEO de bestuursleden tot de zijne had gemaakt, en uiteindelijk slaagde de heer Song er niet in de controle over het bestuur over te nemen en verloor hij het bedrijf dat hij een jaar lang gestaag had opgebouwd aan de CEO die hij vertrouwde en waar hij op vertrouwde.

De heer Song, die geen idee had van management, vooral in de beginfase, vertrouwde de CEO de taak toe de onderneming op te zetten en te leiden.

De CEO verdeelde de aandelen van de onderneming echter in gewone en preferente aandelen om de controle te krijgen. De gewone aandelen werden uitgegeven met normaal stemrecht, terwijl de preferente aandelen werden uitgegeven zonder stemrecht en alleen recht gaven op dividend. Het totale aandelenkapitaal bestond voor 50 procent uit gewone aandelen en voor 50 procent uit preferente aandelen.

Aangezien 50 procent van de aan de heer Song toegekende aandelen preferente aandelen waren en 50 procent van de door de CEO overgenomen aandelen gewone aandelen, had de heer Song geen stemrecht in de vennootschap en kon hij alleen dividenden ontvangen.

Omdat hij niet geloofde dat de CEO, die in zijn vorige bedrijf een goede reputatie had en betrouwbaar was, op deze manier zou handelen, probeerde de heer Song de zaak op te lossen door een ontmoeting met de CEO, maar de CEO wilde alleen contact met de heer Song via een formeel proces van juridische stappen en documenten en weigerde informeel te vergaderen.

Na een jaar van vergeefse juridische gevechten om de controle over het bedrijf terug te krijgen, besloot de heer Song zijn eigen bedrijf te beginnen en begon hij personeel aan te nemen, voornamelijk technici die eerder bij S Electronics hadden gewerkt.

Nadat hij was bedrogen door iemand die hij vertrouwde, werd hij achterdochtig en nam hij de controle over het oprichtingsproces van de nieuwe onderneming door zelf 98% van de aandelen te nemen, waarbij hij slechts 2% van de aandelen aan de andere oprichters overliet.

Het aandelenconflict maakte hem gevoelig en democratie in het beheer was voor hem niet aanvaardbaar. De begindagen van het bedrijf waren echter altijd moeilijk en hij had vaak 1-2 maanden achterstand met zijn salaris. Wanneer dit gebeurde, moest hij geld lenen om de salarissen van zijn werknemers te betalen, met uitzondering van de managers.

De vrouw die de boekhouding verzorgde nam ontslag toen zij de loonlijst niet kon bijhouden, en de financiële situatie van het bedrijf maakte het moeilijk om goed personeel te vinden, zodat het resterende personeel overbelast werd met werk waarvoor één persoon het werk van twee of meer personen moest doen. Gezien de moeilijke financiële situatie van het bedrijf en het gebrek aan middelen had de manager geen andere keuze dan een toekomstvisie te presenteren en het personeel met een nederige houding te vragen.

Hoewel de situatie van het bedrijf moeilijk was, was het besluitvormingsproces vrij democratisch in vergelijking met andere bedrijven en was de informatiestroom ongehinderd van beneden naar boven. Aangezien het bedrijf moeilijk te leiden was, probeerde ik inefficiënties, zelfs op kleine gebieden, te elimineren en was ik bereid de productiviteit te verbeteren.

Ook moesten we, om overheidsfinanciering te krijgen, een bedrijfsplan opstellen en een presentatie over het bedrijf geven, wat onze werkdruk verhoogde, maar we werkten hard om het probleem van onvoldoende middelen op te lossen en konden de overheidsfinanciering krijgen.

Na ongeveer een jaar hard werken kreeg het bedrijf het contract om aan S-Electronics te leveren en begon het omzet te genereren, waardoor het financieringsprobleem tot op zekere hoogte werd opgelost. Song zette vervolgens een projectteam op om samen met S-Electronics aan het project te werken, met als doel binnen drie maanden de door S-Electronics gewenste resultaten te leveren.

In het eerste jaar van het bestaan van het bedrijf probeerde de heer Song technisch ongeschikt personeel via opleiding te behouden, maar naarmate de situatie verbeterde, begon hij zich na elk project te ontdoen van ondermaats presterende ingenieurs.

Aan het einde van het project vertrok bijna de helft van het team en werd de andere helft vervangen, maar het team was gegroeid tot bijna 100 mensen.

Naarmate het bedrijf groeide, verhuisde het naar grotere kantoren en het kantoor van de directeur en de vergaderzalen waren vaak gevuld met luide stemmen. De ontevredenheid onder het personeel groeide en bestuursleden die al sinds de oprichting bij het bedrijf waren, begonnen te vertrekken.
Hij vertrok en zei dat de CEO zijn gevoel had verloren en een dictator was geworden, omringd door mensen die hem vreesden.

Mensen in het bedrijf zeiden dat de CEO consequent en voorspelbaar moest zijn. Net zoals we naar de geschiedenis kijken om het heden en de toekomst te beoordelen, moet de CEO ook consistent zijn, zodat we kunnen voorspellen wat de CEO zal doen op basis van de voorbeelden van zijn beslissingen in het verleden en ons van tevoren kunnen voorbereiden om efficiënt en snel te kunnen werken.

Zij zeiden echter dat de CEO van het bedrijf het verschil niet kan begrijpen tussen de beslissingen die hij een week geleden nam en de beslissingen die hij vandaag neemt.
Ze zeiden dat ze niet konden begrijpen hoe zijn beslissingen tot stand kwamen, als een manisch depressief die gedreven wordt door zijn stemmingen.

We zagen ook dat de CEO minder sprak met interne managers en technologen. Hij gaf de voorkeur aan de mening van zijn persoonlijke adviseurs buiten het bedrijf, zoals gepensioneerde werknemers van een middelgroot bedrijf die hij in de kerk had ontmoet, of goede vrienden en senioren, boven die van interne werknemers.

Zelfs wanneer interne medewerkers relevante informatie van binnen en buiten het bedrijf verzamelden en analyseerden en uiteindelijk rapporten indienden voor besluitvorming, werd de CEO een dictator die vaak beslissingen nam op basis van ongeïnformeerd advies van zijn persoonlijke kring van adviseurs.

Er waren interne regels, en zaken die in de eerste moeilijke tijden van het bedrijf volgens regels en principes waren afgehandeld, werden nu gehandhaafd naar de grillen van een dictator. Als iemand zei dat iets verkeerd was, werden de regels veranderd.
Dit leidde tot een afzwakking van de principes en inefficiëntie in het bedrijf. Het kantoor van de CEO was altijd gesloten en de informatie van het bedrijf werd gemonopoliseerd door een paar mensen, in tegenstelling tot de tijd dat de

CEO ook zorgde voor de werknemers op het laagste niveau als het bedrijf in de problemen zat en de informatiestroom transparant en soepel was.

De relatie tussen de eigenaar en de werknemers, die horizontaal had moeten zijn, leek er een te zijn geworden tussen een afstandelijke keizer en een bediende, en als een manisch-depressieve patiënt trokken de werknemers zich psychologisch terug, telkens als het geschreeuw van de dictator luider werd, en aarzelden ze om tegenover de dictator te gaan staan.

Sommigen vonden het oneerlijk en maakten ruzie, anderen gehoorzaamden omdat ze dachten dat de eigenaar verantwoordelijk was als er iets fout ging. Maar als het resultaat fout ging, viel de verantwoordelijkheid altijd terug op de verantwoordelijke, zodat de stille stem van de verantwoordelijke die zei dat hij of zij geen bezwaar had, werd overstemd door de luide stem van de dictator.

Een voor een verlieten mensen het bedrijf omdat zij deze situatie niet konden verdragen, maar de vacatures werden door anderen opgevuld en het bedrijf bleef ongewijzigd draaien. De stem van de dictator werd steeds luider naarmate de mensen die hem in toom hielden verdwenen, en zijn externe adviseurs bezochten vaak het bedrijf in de hoop een plaats in de organisatie te verdienen.

Sommigen werden dik betaald voor hun advieswerk, terwijl anderen werden betaald voor diensten die niet nodig waren.
Niemand wist waar het geld naartoe ging, maar niemand vond het een legitieme zaak.

Misschien omdat er niemand was om het te controleren, belde de dictator het hoofd van het managementteam en gaf hem de opdracht voor honderden miljoenen won aan immateriële activa te kopen. Dit is de technologie van de toekomst, dit is de technologie die de visie van het bedrijf zal vormgeven, dit is het patent dat moet worden gekocht, en omdat hij zo hard had gewerkt om het bedrijf veilig te stellen, droeg hij hen op de fondsen te verschaffen voor de aanbetaling en het verschuldigde saldo.

Er was niemand in het bedrijf om hem te controleren en niemand van de mensen die het bedrijf al hadden opgezet was er nog. Er was niemand die de dictator had kunnen vertellen dat de technologie niet de moeite waard was, dat het geldverspilling was, dat het aannemen van dit contract het bedrijf failliet zou kunnen laten gaan.

Maar niemand in het bedrijf geloofde dat deze technologie de toekomstvisie van het bedrijf zou zijn, zoals de dictator zei. Iedereen had zich erbij neergelegd dat dit was wat de eigenaar wilde, en de enigen die ervan wisten waren de leidinggevenden en het managementteam. Omdat de dictator dit in het geheim deed, wist niemand ervan, behalve de verantwoordelijken en de leidinggevenden.

We weten niet waar het geld voor dit contract is gebleven. Maar ongeveer een maand nadat het contract was getekend, werd het oude hoofd van het managementteam vervangen en werd een nieuw hoofd van het managementteam aangenomen. De activa van het bedrijf waren niet groot genoeg om een externe controle door een accountant te vereisen.

De dictator profiteerde van het ontbreken van een verplichte externe audit en het contract om de octrooien te kopen zou zijn opgesteld door een externe consultant die hij in de kerk had ontmoet.

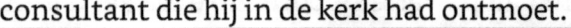

Misschien deden zij dit omdat de uitstroom van middelen via dit soort regelingen beter was dan de hoeveelheid belasting die zij zouden moeten betalen in de gebruikelijke vorm van bonusbetalingen of dividenduitkeringen, maar het verlies van mensen die hen konden adviseren over juridische risico's en andere kwesties werd een groot risico van de dictatuur.

In Zuid-Korea vrezen bedrijven doorgaans belastingcontroles door de belastingdienst en controles van financiële instellingen door de financiële toezichthouder. De dictator, die geen ervaring had met dergelijke audits, had echter iemand nodig die hem kon adviseren over de gevolgen van een externe audit.

Daarbij had hij een belangrijk feit over het hoofd gezien. Hij was vergeten dat S

Electronics, een wereldwijd conglomeraat, onaangekondigde audits uitvoert bij zijn onderaannemers om illegale activiteiten, beheersproblemen en technische problemen aan het licht te brengen die in het beheer van de onderaannemers kunnen worden verholpen.

De audit verschaft S Electronics niet alleen toegang tot gegevens die nodig zijn voor de verkoop, maar ook tot gegevens over management, boekhouding, personeelszaken en automatisering, die worden gebruikt voor de kwalitatieve beoordeling van onderaannemers. In het kader van dit proces werden beslissingen genomen zoals onderhandelingen over prijzen voor leveringseenheden en hercontractering.

Er waren verschillende mijnenvelden, zoals het belastingonderzoek, de boekhoudkundige controle en de managementcontrole van S Electronics. Tijdens de onaangekondigde audit besloot het auditteam, dat de boeken en bewijsstukken van het bedrijf zorgvuldig onderzocht, het onderaannemingscontract met het bedrijf niet te verlengen, waarna geruchten over de corruptie van het bedrijf zich in de sector verspreidden en het bedrijf uit de sector werd gezet.

De werknemers van het bedrijf die niet loyaal waren aan het bedrijf zijn naar andere bedrijven vertrokken en er is niets bekend over de activiteiten van het bedrijf, de rehabilitatie of de verblijfplaats van de heer Song.

3. Lobby- en boekhoudfraude

Als de VS in 2000 een dotcom-zeepbel beleefde, beleefde Korea een rage voor durfbedrijven. Toen was de Koreaanse beurs de KOSDAQ, het equivalent van de NASDAQ in de VS. Vandaag schommelt de KOSDAQ rond de 1000 punten. Maar ten tijde van de dot-com bubble bereikte de KOSDAQ index 2.925 punten en was de markt zo oververhit dat de koers/winst verhouding 10.000 keer bereikte en er waren aandelen die meer dan 100 keer stegen.

In die tijd was het enthousiasme voor durfbedrijven op de KOSDAQ-markt vergelijkbaar met de dotcom-zeepbel in de VS, en durfbedrijven vormden verenigingen om hun lobby bij de overheid en andere organisaties op te voeren.

Onder deze bedrijven was een beroemd bedrijf dat een omzet van 50 miljard won behaalde en zijn technologie populair maakte door uit Japan geïmporteerde apparaten te lokaliseren.
De mythe rond het succes van dit bedrijf vulde de media zodanig dat het het eerste bedrijf werd dat als "risicobedrijf" werd erkend.
Hij was ook bestuurslid van de Venture Business Association en organiseerde een netwerk van verwante organisaties.

Het imago van het bedrijf in de media was dat van een ondernemend, transparant, schoon en principieel bedrijf met strenge regels. De bestuursvoorzitter maakte een serieuze indruk en de financieel directeur sprak over de mooie toekomst van het bedrijf en zijn doel om het beste bedrijf van Korea te worden.
Van buitenaf leek het bedrijf een geweldige plek om te werken en een benijdenswaardige plek om te zijn.

De interne werknemers van het bedrijf zagen echter een ander beeld. Senior managers waren vaak op zakenreis en intern administratief personeel besteedde de meeste tijd aan het verhullen van abnormale activiteiten als normaal.

Op een dag krijgt Kim, lid van het managementteam, een telefoontje van de financieel directeur, die bezig is met een belangrijke zaak buiten het bedrijf.
Kim: (telefoon gaat) Hallo? Dit is teamleider Kim.
Financieel directeur: Mr Kim, ik moet u om een gunst vragen. Ik wil dat u 100 miljoen won in contanten opneemt bij XX Bank tegen 15.00 uur vandaag en klaar bent.
Teamleider Kim: (nieuwsgierig) Wat vraagt u?
Financieel Directeur: (snel) Ik heb het geld dringend nodig, dus stel geen vragen meer.
Meneer Kim: Oké. Ik zal naar de bank gaan, geld opnemen en op u wachten.

Meneer Kim arriveert bij Bank XX en neemt het door de financieel directeur gevraagde bedrag op, 100 miljoen won. Hij telt het geld zorgvuldig uit en stopt het in zijn aktetas.

Hij wacht voor de hoofdingang van de bank tot de auto van de financieel directeur arriveert. Na enkele ogenblikken stopt de auto van de financieel directeur en gaat de deur open. Meneer Kim overhandigt het geld veilig.

Een maand later is teamleider Kim gestrest omdat hij geen documentatie heeft ontvangen over het gebruik van de 100 miljoen won die hij aan de financieel directeur heeft gegeven. Hij gaat naar het kantoor van de financieel directeur om het probleem op te helderen.

Teamleider Kim: Directeur, ik heb de ontvangstbewijzen nodig van de 100 miljoen KRW die ik een maand geleden heb opgenomen. Wanneer kunt u mij die geven?

Financieel Directeur: (nerveus) Het is uw taak om het te organiseren. Waarom moet je naar mij komen?

Teamleider Kim: (verward) Directeur, dit zijn bedrijfsfondsen en ik moet weten waar ze voor gebruikt zijn en ik heb de relevante bonnetjes nodig om de boeken af te sluiten.

Financieel Directeur: (geërgerd) Waarom val je me zo lastig? Het is uw taak om de boeken op orde te brengen en al mijn voorgangers deden het zo. U bent zo onbuigzaam.

Mr Kim: (met een serieus gezicht) Het is onze taak om de fondsen van het bedrijf te beheren. Als ik niet weet wat er gebeurt, hoe kan ik dan de boekhouding doen?

Financieel Directeur: (boos) Als u niet zo goed kunt boekhouden, hoe kunt u dan in deze positie zitten? Je moet een zeer incompetente werknemer zijn.

Teamleider Kim: (kalm) Ik ben vastbesloten mijn werk goed te doen en ik heb de juiste administratie nodig om de financiële gezondheid en transparantie van het bedrijf te waarborgen. Ik zou u zeer dankbaar zijn voor uw medewerking.

De financieel directeur weigert Kims verzoek en zegt hem dat het aan u is. Minder dan een maand later werd Tim ontslagen bij het bedrijf.

Op deze manier vloeide het geld van het bedrijf in zakelijke, bureaucratische en politieke kringen en werd het gebruikt voor speciale belangen. Op deze manier werd het geld van het bedrijf misbruikt voor lobbyen en konden werknemers zoals Kim hun legitieme taken niet uitvoeren.

Om ongedocumenteerde transacties ter waarde van miljarden won als rechtmatig te laten doorgaan, moest het boekhoudkundig en financieel personeel een gesegmenteerde boekhouding voeren en de balansen van inventarisgoederen zoals grondstoffen, voorraden en producten manipuleren.

De noodzaak om de hoeveelheid en waarde van de inventaris te verifiëren door middel van inventarisatietellingen leidde ook tot een ongewoon hoog aantal papieren inventarisatietellingen, evenals het gebruik van grote hoeveelheden kasontvangsten die binnen een bepaalde dollarzone aanvaardbaar waren.

Het bedrijf registreerde zelfs spookwerknemers die niet voor het bedrijf werkten en verduisterde loonkosten door fictieve boeken aan te leggen om de boekhoudkundige cijfers met de werkelijke te laten overeenstemmen.

Om bij overheidsfunctionarissen te lobbyen, werden zij ontvangen in uitgaansgelegenheden zoals pensions, en in pensions gebruikten zij de namen van kaartverkopers zoals elektronicazaken en rijstwinkels om de bedrijfskaarten die zij gebruikten te verhullen als normale transacties.

Sommige gewetenloze leidinggevenden verduisterden zelfs 30 miljoen won aan kaartkortingen door samen te werken met amusementsmedewerkers om hun bedrijfskaarten als normale transacties te laten doorgaan.

Hoewel de schandalen klein waren in vergelijking met de grote, zoals het huurschandaal in Japan en het Enron-boekhoudschandaal in de VS, waren er grenzen aan de groei van kleine en middelgrote ondernemingen door dit soort lobby- en boekhoudfraude.

Toen de regering veranderde, werd opnieuw gelobbyd bij nieuwe politici om hen in het gareel te krijgen en werden veel enveloppen naar journalisten gestuurd om de CEO en het bedrijf beter te profileren.

Er werd ook veel gastvrijheid verleend aan accountants om de notering op de KOSDAQ te behouden voor externe controle door accountantskantoren.

Als gevolg van de aangescherpte regels voor externe controle resulteerde de controle door het accountantskantoor echter in een goedkeurende verklaring, waarna het bedrijf van de KOSDAQ-markt werd gehaald.

Het verlaten van de KOSDAQ-markt betekende dat het bedrijf het geld van investeerders niet langer kon gebruiken om extra kapitaal aan te trekken. Tot overmaat van ramp leidden een belastingonderzoek wegens verduistering en een strafzaak wegens eerder in naam van het bedrijf uitgegeven lobbygelden tot het feitelijke faillissement van het bedrijf.

De naam van het bedrijf is slechts een verre herinnering, maar het was ooit zo bekend dat het verscheen als een gerelateerde zoekterm bij Venture.

Maar hoewel de reputatie van het bedrijf zodanig was dat veel van de ingenieurs die er hun vak leerden succesvol werden en er trots op waren het bedrijf hun thuis te noemen, verkortten het gebrek aan praktisch management, de lobbypraktijken die het toepaste om te overleven, en de immoraliteit van zijn leidinggevenden, die deze steekpenningen en gunsten accepteerden met een argeloosheid die niet veranderde met de veranderende tijden en het groeiende bewustzijn van ethiek en moraal in de samenleving, zijn levensduur.

4. Een vrouwelijke president en een Koreaanse voorzitter die in Japan wonen

Als je bij een financiële instelling in de kredietverlening werkt, ontmoet je soms vreemde bedrijven. Vaak weet je eerst niet waarom, maar dan bezoek je het bedrijf of ontmoet je je voorganger of de verantwoordelijke van het bedrijf en dan wordt het duidelijk.

Dit is wat er gebeurde in Zuid-Korea in 1997, toen het land midden in een deviezencrisis zat. In Busan, de op één na grootste stad en de grootste haven van Zuid-Korea, waren er veel kleine en middelgrote scheepsreparatiebedrijven, en dit bedrijf was er één van.

Een kennis van mij die destijds bij een financiële instelling in Busan werkte, was belast met het verstrekken van leningen, en een van de bedrijven waarmee hij te maken had, liep voortdurend achter met zijn betalingen.

Toen hij bij het bedrijf begon, vertelde zijn voorganger hem dat het zinloos was hen aan te manen te betalen, en dat als hij maar lang genoeg wachtte, ze hem op een dag zouden inhalen en al het achterstallige kapitaal zouden terugbetalen.

Hij was nieuwsgierig naar het verhaal en besloot kort na zijn aankomst het bedrijf te bezoeken.

Naast het vervallen fabrieksgebouw stond een commercieel gebouw met administratieve kantoren, waaronder het kantoor van de directeur en de directiekantoren. In het kantoor van de directeur ontmoette ik de directeur van het bedrijf, en mijn eerste indruk was dat het een zeer mooie vrouw was van begin 40, met lang haar en zware make-up.

Hij leek geen normaal leven te hebben geleid en zei niet veel behalve een formele begroeting, dus ik was geïntimideerd en verliet snel het kantoor van de directeur na een snelle kop koffie.

In het kantoor van de financieel directeur praatte ik met de financieel directeur van het bedrijf over het bedrijf en leerde het verhaal over hoe het bedrijf is opgericht.

De financieel directeur van het bedrijf is de jongere broer van de CEO en werd kort na de oprichting van het bedrijf benoemd tot financieel directeur. Hij zei dat hij nooit eerder in de financiële wereld had gewerkt, maar dat de directeur van het bedrijf hem wantrouwde en hem de leiding gaf omdat hij een vertrouwd familielid was.

Ze vertelde me dat er een heer van middelbare leeftijd is die officieel niet getrouwd is, maar om de paar maanden naar Korea komt. Het bedrijf noemt hem de voorzitter en als hij op bezoek komt, worden alle achterstallige leningen van het bedrijf terugbetaald.

Hoewel de financieel directeur dat niet zei, hoorde hij later een gerucht dat de dame een bekende madam was in de amusementsbranche en dat de voorzitter een Koreaanse ondernemer was die in Japan woonde en succes had met de verkoop van speelautomaten in Japan, en dat hij soms naar Busan kwam om iets te drinken in de salon waar de dame werkte omdat hij zijn huis in Korea miste.

Hij wilde een plek in Korea die hij de zijne kon noemen, als een vakantiehuis, en zij had een baan nodig die ze kon laten zien aan iedereen die wilde luisteren.
Hun belangen vielen samen en zij richtte in Busan een bedrijf op dat zich voornamelijk bezighield met scheepsreparatie. Wanneer de voorzitter Korea bezocht, verbleef hij bij haar thuis en keerde dan terug naar Japan.

Aangezien zij echter nog nooit een bedrijf had geleid, wist zij niet hoe zij haar hoofdbedrijf, de scheepsreparatie, moest runnen en runde zij de fabriek door af en toe reparatieopdrachten te ontvangen van enkele scheepseigenaren die klanten waren. Omdat zij echter de neiging heeft veel geld uit te geven, heeft het bedrijf altijd rood gestaan en het tekort wordt gedekt door leningen van financiële instellingen en het persoonlijk vermogen van de voorzitter.

Het onvermogen van de onderneming om winst te maken met haar belangrijkste activiteiten en de aanhoudende verliezen leidden tot een crisis in 1997, toen de Zuid-Koreaanse economie in een recessie terechtkwam als gevolg van een valutacrisis. Ondanks de voortdurende betalingsachterstanden kon de onderneming het gehele achterstallige kapitaal na een periode van 2-3 maanden terugbetalen.

De ongewone kasstroom kon echter niet blijven duren en na ongeveer een jaar ging de onderneming uiteindelijk failliet.

Hoewel het faillissement van de onderneming uiteindelijk werd veroorzaakt door de trage gang van zaken in haar hoofdactiviteit, de scheepsreparatie, was een belangrijke factor het gebruik van persoonlijke middelen door de voorzitter en de financieel directeur van de onderneming, die geen onderscheid maakten tussen bedrijfs- en privé-middelen, en de oplossing van de ongemakkelijke levensrelatie tussen de voorzitter en de voorzitter.

De financiële situatie van het bedrijf ging steeds meer achteruit, maar de voorzitter en de financieel directeur, die de middelen van het bedrijf privé gebruikten, eisten steeds meer geld bij elk bezoek van de bestuursvoorzitter aan Korea, en na verloop van tijd wilde de bestuursvoorzitter, bezwaard door hun buitensporige financiële eisen, de financiering en de relatie niet meer voortzetten, en het lot van het bedrijf was failliet.

5. een wijnbar met een vrouwelijke eigenaar

Ik wil nog een verhaal vertellen over een andere president.
Er was een Japanner die van jongs af aan in fabrieken in Japan had gewerkt en zijn hele leven ingenieur was geweest. Hij werd directeur van een fabriek die schroot recycleerde en kreeg toevallig een zakelijke kans in Korea.

Toen hij zijn bedrijf in Korea opzette en personeel aannam voor de boekhouding en andere administratieve taken, nam hij een vrouw met een sterke persoonlijkheid aan die was afgestudeerd aan een prestigieuze Koreaanse muziekschool. Ze sprak vloeiend Japans en had geen problemen met de communicatie met de Japanse directeur, en hoewel ze een diploma in muziek had, kon ze haar taken zonder veel moeite uitvoeren met de hulp van externe adviseurs in het begin van het bedrijf.

De Japanse baas, die heen en weer reisde tussen Japan en Korea om beide bedrijven te leiden, begon op haar te vertrouwen voor werk in verband met het Koreaanse bedrijf, en ze ontwikkelden een hechte relatie, niet alleen zakelijk maar ook persoonlijk.

Hun relatie ontwikkelde zich van ondergeschikten tot persoonlijke partners, tot managing partners met één bedrijf in Korea en één in Japan, en de Japanse baas droeg de leiding van het Koreaanse bedrijf over aan de vrouw.

Zij werd directeur van het Koreaanse bedrijf, en wanneer de Japanse directeur naar Korea reisde, overnachtte hij vaak bij haar thuis in plaats van in het bedrijf.

De werkneemster kon de Japanse president ervan overtuigen zijn aandelen in te ruilen voor de hare, aangezien de groei van het bedrijf werd belemmerd door de beperkingen van een bedrijf met buitenlands kapitaal, en zij was nu de eigenaar en president van het Koreaanse bedrijf.

Er was een leidinggevende, maar zij was wantrouwig tegenover mensen, dus benoemde zij haar jongere broer tot financieel directeur en begon van het bedrijf haar imperium te maken.

De schroothandel was een bedrijfstak die grote installaties vereiste en geen andere belangrijke kosten had dan de ophaalkosten.

De onderneming had echter al in zekere mate in vaste activa geïnvesteerd, zodat geen extra kapitaalinvesteringen nodig waren, en de onderneming was winstgevend omdat zij schroot ophaalde bij een nabijgelegen industriecomplex en dit verwerkte tot nieuwe metalen.

De bedrijfssituatie van de onderneming, die was geconsolideerd door het door de Japanse president ingevoerde kapitaalinvesteringssysteem, verkooplijn en managementsysteem, verhoogde de verkoop en de nettowinst toen de internationale prijzen voor grondstoffen zoals metalen stegen.

Naarmate de investeringsperiode langer werd, wilden de investeerders die vanaf het begin in de Koreaanse onderneming van de Japanse president hadden geïnvesteerd, hun investeringsgeld terugkrijgen, en mevrouw Yeo, belast met het bestaan van de vroege investeerders, plande een scenario waarin zij hun investeringen zouden mogen terugkrijgen via een notering aan de KOSDAQ en de vroege investeerders zouden worden vervangen.

Hij bereidde de notering aan de KOSDAQ voor met de bedoeling om externe investeerders de kans te geven zich te herstellen. Na meer dan een jaar van voorbereidingen om de titel van beursgenoteerde onderneming te verkrijgen door een effectenbedrijf aan te wijzen als het leidende bedrijf, ontvingen we bericht van het leidende effectenbedrijf dat het KOSDAQ-onderzoek uitvoerde, dat we geslaagd waren voor het voorlopige onderzoek.

Tijdens de voorbereiding van de notering aan de KOSDAQ hebben zij en haar broer, de financieel directeur, een gesloten systeem voor de middelen van het bedrijf opgezet en zijn zij begonnen de middelen van het bedrijf voor persoonlijke doeleinden te gebruiken. Niemand wist echter precies wat zij met het geld van het bedrijf deden, aangezien dit in het geheim gebeurde via een gesloten systeem.

Tijdens een bijeenkomst met vrienden in Seoul hoorde ze dat wijnbars in Gangnam in opkomst waren.

De vraag naar fijne wijnen was toegenomen en de markt was booming met upscale wijnbars in Gangnam, Seoul, met stijlvolle interieurs die gasten het gevoel gaven deel uit te maken van de hogere klasse terwijl ze fijne wijnen dronken.

Door haar relatie met de Japanse baas had ze haar eigen imperium opgebouwd binnen het bedrijf, maar ze was bang dat haar imperium zou ophouden te bestaan als haar relatie met de Japanse baas zou stuklopen, dus was ze enthousiast om een wijnbar te openen in Gangnam, Seoul.

Samen met haar jongere broer, die financieel directeur is, werkte ze hard om een wijnbar op te zetten met privéfondsen en 100% van het kapitaal van het bedrijf op haar naam, en opende het in Gangnam als een openbaar bedrijf met als doel in de toekomst naar de beurs te gaan. Toen het bedrijf het nieuws kreeg dat het geslaagd was voor het vooronderzoek voor de KOSDAQ, hield het een feest in de wijnbar.

De investeerders van het bedrijf en veel van zijn klanten kwamen bijeen om haar te feliciteren met haar succes en om het luxueuze interieur van de wijnbar, die een fortuin had gekost, te bewonderen.

Het oude gezegde "goede dingen hebben altijd slechte vibraties" is niet verkeerd. Het groeiende aantal wijnbars in Gangnam begon de zaken van naburige wijnbars te verstoren, en sommige huurden zelfs mensen in om haar overal te volgen.

Er waren zoveel mensen die jaloers waren op haar succes, mensen die veel last hadden van haar succes, en mensen die haar succes niet misgunden omdat ze veel vijanden had gemaakt in haar leven.

Het eerste wat ze deden was schrijven naar de autoriteiten die verantwoordelijk waren voor de KOSDAQ rating. Omdat het om een KOSDAQ genoteerd bedrijf ging, stond in de brief dat de wijnbar de regels van fatsoen en goede manieren overtrad. De inhoud van de brief was echter moeilijk als waar aan te merken, omdat de wijnbar niet viel onder verboden bedrijfsactiviteiten zoals andere amusementsgelegenheden of de chemische industrie.

De brief kwam echter uit onverwachte hoek. Toen de KOSDAQ examenautoriteit zich realiseerde dat de wijnbar een naamloze vennootschap was en een verbonden onderneming van de directeur van de onderneming die het KOSDAQ vooronderzoek had doorstaan, verklaarde zij het KOSDAQ vooronderzoek ongeldig op grond van een schending van de regel dat ondernemingen alle informatie over hun verbonden ondernemingen moeten verstrekken wanneer zij een KOSDAQ registratie aanvragen.

Toen de directeur de wijnbar oprichtte, wisten alleen haar broer, de financieel directeur en de algemeen directeur van het bestaan van de wijnbar als gevolg van hun gesloten fondsbeheersysteem, en het personeel dat de KOSDAQ-notering opstelde, wist niet van het bestaan van de wijnbar, zodat het de wijnbar niet opnam in de lijst van verbonden ondernemingen.

Uiteindelijk werd de notering afgewezen met het belachelijke argument dat de lijst van verbonden ondernemingen niet was ingediend, en de plannen van het bedrijf om roem en fortuin te vergaren door een notering aan de KOSDAQ werden de grond in geboord.

De investeerders, die enthousiast waren over het slagen voor het KOSDAQ-vooronderzoek, waren zeer teleurgesteld over de onverwachte afwijzing van de KOSDAQ-notering en waren woedend toen zij vernamen dat de reden voor de afwijzing de door hen gebouwde wijnbar was. Zij namen contact op met de Japanse president en eisten de vervanging van de manager en de teruggave van hun investering, waarna de Japanse president naar Korea reisde om de situatie op te helderen.

Toen de Japanse president Korea bezocht, beschuldigden de managers van het bedrijf de president van verduistering en malversaties, waarna de nauwe relatie van de Japanse president met de president eindigde.

De investeerders beschuldigden haar van verduistering, verraad en andere beschuldigingen, en zij werd betrokken bij een strafzaak, waardoor haar imperium in de handen van iemand anders kwam.

De bedrijven en instellingen die de Japanse presidente in Korea had opgebouwd werden door anderen overgenomen vanwege haar hebzucht en verduistering van gelden.

6. Lobbyisme en gangsters, waar houdt het op?

De zoon van de heer Kang en zijn leerling, de heer Cho, stonden altijd aan zijn zijde omdat hij in Korea werd erkend als een meester-ambachtsman. De heer Cho leerde het vak op jonge leeftijd van de heer Kang en werd even vaardig als zijn mentor, terwijl de zoon van de heer Kang, hoewel jonger dan de heer Cho, managementcursussen volgde in het bedrijf met de bedoeling zijn vader op te volgen.

Voor zijn dood vroeg de heer Kang, een meestervakman, zijn zoon om directeur van het bedrijf te worden en gaf hem 60% van de aandelen. De zoon van de heer Kang kreeg 40% van de aandelen en werd gevraagd het bedrijf als directeur te leiden.

Nadat de heer Kang na een lange ziekte was overleden, namen zijn zoon, de heer Kang, en zijn klusjesman, de heer Cho, het bedrijf onder hun hoede en bouwden het uit tot een bedrijf met een omzet van 3 miljard won (ongeveer 2,2 miljoen dollar). Door de aard van het bedrijf, dat door de Koreaanse autoriteiten moet worden goedgekeurd, hadden zij echter meer verkopers nodig.

De heer Cho, die ouder en ervarener was en over meer technische vaardigheden beschikte dan de heer Kang, die directeur was, had een voordeel ten opzichte van de heer Kang bij de verkoopactiviteiten, wat de positie van de heer Kang in het bedrijf verminderde. Na de dood van de heer Kang, een meestervakman, werd het bedrijf verdeeld tussen zijn zoon, de heer Kang, en de heer Cho, een leerling en directeur, en de heer Kang was in alle opzichten inferieur aan de heer Cho.

Zelfs binnen het bedrijf waren er felle ruzies tussen de aanhangers van de heer Kang en de aanhangers van de heer Cho, waarbij de ene partij de andere op afstand hield en gierig was met het prijzen van de prestaties van de ander.

Een van de volgelingen van de heer Cho was een zeer getalenteerde computerexpert die ooit een geweldig systeem had ontwikkeld en gedemonstreerd met behulp van een door Microsoft ontwikkelde taal.

Alle aanwezigen prezen zijn programmeervaardigheden en zeiden dat dit systeem gunstig zou zijn voor het bedrijf, maar de heer Kang, die toen directeur van het bedrijf was, weigerde zijn programmeervaardigheden te erkennen en zei dat Bill Gates het geweldig had gedaan.

Voorzitter Cho was van mening dat de vaardigheden van de heer Kang als directeur en zijn bijdragen aan het bedrijf niet bevorderlijk waren voor de ontwikkeling van het bedrijf en dat zijn 40% eigen vermogen de zakelijke beslissingen van de heer Cho in de weg stond.

Hij en zijn volgelingen begonnen te zoeken naar zwakke punten in Kang en ontdekten dat Kang andere dingen deed in het bedrijf die niets te maken hadden met de zaken van het bedrijf.
Volgens de interne regels van het bedrijf was het zo dat als iemand iets deed wat niets met de zaken van het bedrijf te maken had, er disciplinaire maatregelen moesten worden genomen.

De positie van de heer Kang in het bedrijf werd steeds zwakker, en hij bedacht een ander bedrijf als noodplan, waarvoor hij onder werktijd gegevens verzamelde.
Om bewijsmateriaal te verzamelen, installeerden de medewerkers van de heer Cho een controleprogramma op de computer van de heer Kang op een moment dat de heer Cho de heer Kang belde om uitgebreid te praten over de zaken van het bedrijf. Het programma registreert het scherm telkens wanneer het scherm van de computer van de heer Kang verandert en stuurt het door naar een andere computer of server.

Door de installatie van het programma wist het personeel van de heer Cho dat de heer Kang aan andere projecten werkte, en zij sloegen de opgenomen schermen op een USB-geheugenapparaat op.
Op een dag riep de heer Cho de heer Kang 's avonds laat naar de fabriek, en toen de heer Kang bij de fabriek aankwam, waren er vijf of zes zware misdadigers bij de heer Cho.
De heer Cho overhandigde de heer Kang een USB-stick waarop het

computerscherm was opgenomen waarop de heer Kang onderzoek had gedaan om een andere deal te plannen.

Ik heb hier bewijs dat u in het bedrijf dingen hebt gedaan die niets te maken hebben met de zaken van het bedrijf, wat u naar mijn mening niet zou moeten doen als directeur van het bedrijf, en de zaken die u plant zijn een zaak die zou kunnen concurreren met dit bedrijf, wat ook kan worden gezien als een daad van verraad tegen het bedrijf. Daarom ben ik van mening dat u niet geschikt bent om directeur van dit bedrijf te zijn en dat u moet worden gestraft.

Als u al uw 40% aandelen in het bedrijf aan mij overdraagt en stilzwijgend ontslag neemt als directeur van het bedrijf, zal ik dit beschouwen als een eervol ontslag als directeur en uw handelingen geheim houden. Als u mijn aanbod echter afwijst, wordt niet alleen alles van u afgenomen, maar zult u ook diverse wettelijke verplichtingen op u moeten nemen.

De heer Kang, die kwetsbaar was voor het ongewone gedrag van de heer Cho, waaronder zijn harde dwang en het creëren van een sfeer van angst door de robuuste misdadigers, stemde ermee in om in te stemmen met het voorstel van de heer Cho, en het managementgeschil tussen hen eindigde met de heer Cho als winnaar, aangezien de heer Cho 40% van de aandelen van de heer Kang verwierf.

De heer Kang, donker en zwak, kwam niet meer naar zijn werk en niemand in het bedrijf wist waar hij was.

De heer Cho, die de dictatuur waarvan hij lang had gedroomd had voltooid, benoemde zijn handlangers op sleutelposities in het bedrijf en verwijderde de handlangers van de heer Kang uit het bedrijf.

Hij vond dat lobbyen essentieel was voor het bedrijf om de verkoop te verhogen, en daarvoor had hij niet-gouvernementele fondsen nodig.

Middelen uit de normale verkoop van het bedrijf waren verzekerd door juridische documenten en het was moeilijk om de eenmalige middelen te verzamelen die nodig waren voor het lobbyen.
Diensten na verkoop zoals onderhoud, installatie en service na verkoop werden echter vaak zonder documentatie afgehandeld en technici werden vaak contant betaald, zodat de exacte details van de transacties vaak onbekend waren. De heer Cho besloot het geld dat met deze transacties werd gegenereerd te gebruiken als appeltje voor de dorst.

Wanneer technici leveranciers bezochten voor installatie, onderhoud en service na verkoop, kregen zij de opdracht contant geld te verzamelen en in een kluisje te bewaren, dat vervolgens werd gebruikt om te lobbyen voor projecten in opdracht van overheidsinstanties.

Dankzij dit lobbygeld stegen de inkomsten van het bedrijf van jaar tot jaar en leek het bedrijf gestaag te groeien. De behandeling van de technici was echter slecht en het dictatoriale gedrag en de overheersende instructies van de heer Cho werden steeds erger. Hij vond hun harde werk en toewijding vanzelfsprekend en beloonde hen niet voor wat ze waard waren.

Hij wantrouwde zijn personeel, en als hij een verdacht personeelslid had, loste hij zijn verdenkingen vaak op door een naaste medewerker te vragen buiten met het personeelslid te praten, en vervolgens de computer van het personeelslid te doorzoeken om onderzoek te doen.
Het ongenoegen van de personeelsleden over het gedrag van de heer Cho groeide, en hij ging vaak met hen drinken.

Het kwam ook steeds vaker voor dat personeelsleden te laat op hun werk kwamen of dat ze niet opdagen omdat ze dronken waren. Aangezien er een tekort aan technici is, legt de afwezigheid of te laat komen van één technicus veel druk op de andere technici, en de heer Cho, die dit niet door de vingers kon zien, ontsloeg de heer Choi omdat hij dronken en te laat op zijn werk kwam.

De heer Choi, de technicus die die dag te laat op het werk was, probeerde de heer Choi te sussen dat dit te veel was, maar de heer Choi, de manager, veranderde niet van gedachten.

Het ontslag van zijn baan, die hij als een levenslange carrière had beschouwd, maakte dat de heer Choi zich diep gekwetst en verbitterd voelde, en op een drinkgelag met andere technici bekende hij zijn wrok jegens de directeur en zwoer hij wraak te nemen op de heer Choi.

Nadat hij zijn wraakgedachten had gehoord, ging een andere technicus naar huis en vertelde zijn vrouw, die verantwoordelijk was voor de boekhouding, hoe hij de heer Choi kon terugpakken door gegevens te verzamelen over de activiteiten van het bedrijf buiten de balans om en het belastingkantoor te vragen een onderzoek in te stellen.

De technicus, die dacht dat dit een redelijk wraakplan was, vertelde de heer Choi, die ook vastbesloten was om wraak te nemen, hoe hij dit moest aanpakken, en de heer Choi haastte zich naar het belastingkantoor om het geld op te halen dat hij op zijn zakenreizen had ontvangen en naar het buitenlandse fonds had overgemaakt, alsmede de relevante documenten en bewijzen.

De heer Choi had een ontmoeting met een vertegenwoordiger van de klachtenafdeling van het plaatselijke belastingkantoor, maar hij was nerveus en zijn handen trilden, wat erop wees dat hij de druk van het klokkenluiden voelde.

Belastingambtenaar: Waarvoor bent u hier?
Meneer Choi: Ik wil een belastingcontrole aanvragen.
Belastingambtenaar: Kunt u ons de naam van uw bedrijf vertellen en de reden van uw verzoek?
De heer Choi: (schudt) De naam van het bedrijf is XXXX, en de reden is belastingontduiking.
Belastingambtenaar: Wat voor soort belastingontduiking is het?

Meneer Choi: (schudt slecht) Als dit bedrijf ooit wordt onderzocht, weten ze dan wie de andere klagers zoals ik zijn?

Belastingambtenaar: Nee, wees gerust, wij zullen ervoor zorgen dat uw identiteit en persoonlijke gegevens nooit aan het bedrijf bekend worden gemaakt.

Mr Choi: Oké, bedankt dan. De heer Choi: Ik werd contant betaald voor de verkoop van mijn cliënt, zonder enige documentatie, en ik bracht het naar het bedrijf. (Houdt een stapel papieren omhoog) En dit zijn de bewijzen daarvan.

Belastingambtenaar: Ja. Als het belastingonderzoek op basis van deze documenten juist blijkt, wordt het ontdoken bedrag teruggevorderd en krijgt u een beloning van ongeveer 2% van het ontdoken bedrag.

Het is gebruikelijk dat het belastingkantoor vooraf een document stuurt naar de onderneming waarop het onderzoek betrekking heeft, waarin het de datum van het belastingonderzoek en het aantal betrokken personen meedeelt.

Wanneer het belastingkantoor een verzoek om een onderzoek ontvangt, controleert het bovendien de geschiedenis van de banktransacties van de eigenaar en zijn familieleden tot en met de achtste neef en onderzoekt het vooraf de transacties die verdacht worden van ontbrekende verkopen en belastingontduiking en bezoekt het de van belastingontduiking verdachte onderneming met de gegevens die het geschatte bedrag van de belastingontduiking berekenen.

Twee mannen in pak komen naar het administratiekantoor van de onderneming in een van haar fabrieken. De ene gaat naar de heer Cho, de algemeen directeur, die het verst van de deur verwijderd is, terwijl de andere er vlakbij staat.

De man die naar Cho ging haalde een document tevoorschijn, gaf Cho een duwtje en zei.

Jij bent toch de baas? Ik doe vanaf nu een willekeurige belastingcontrole. Wie is de financieel directeur en wie is verantwoordelijk voor de boekhouding?

De man bij de toegangsdeur ging naar de computer van de medewerker die verantwoordelijk is voor de boekhouding en begon de gegevens op de computer te kopiëren.

Toen hij de heer Cho, de manager, benaderde, overhandigde hij hem een kopie van de boekhoudkundige transacties die hij eerder bij de familieleden van de heer Cho had onderzocht en zei dat hij vermoedde dat er sprake was van miskoop en belastingontduiking.

Volgens ons voorlopig onderzoek vermoeden we een belastingontduiking van ongeveer 1,2 miljard won (ongeveer 900.000 dollar) en dit is het bewijs. Controleer dit en stuur de relevante bewijsstukken naar ons belastingkantoor.

Uit angst dat de boeken zouden worden doorzocht en meegenomen, gooiden de andere werknemers documenten die als boeken konden worden beschouwd uit het raam zonder dat de medewerkers van het belastingkantoor het merkten. Hoewel zij beweerden in het belang van de onderneming te handelen, namen de belastingambtenaren de documenten niet mee en leken zij overtuigd van de beschuldiging van belastingontduiking.

Het was aan de controleurs van het boekhoudkantoor en het in de computer getrainde administratieve personeel om er gegevens uit te halen die met de aankoop in verband konden worden gebracht en te bewijzen dat er geen sprake was van belastingontduiking of ontbrekende verkopen. Als resultaat van hun inspanningen werd het belastingbedrag verlaagd tot ongeveer 1 miljard won (ongeveer 750.000 dollar), dat in termijnen van twee tot drie jaar werd betaald, rekening houdend met de financiële situatie van het bedrijf.

Toen het bedrijf plotseling een rekening kreeg voor 1 miljard won aan belastingen, dachten de meeste werknemers dat het lot van het bedrijf bezegeld was.

Na meer dan een jaar vroeg het bedrijf faillissement aan en nam Cho ontslag als CEO.

Cho vond echter dat het belastingonderzoek zijn bedrijf had verwoest, en hij wantrouwde Choi, die op ongeveer hetzelfde moment als een klant was ontslagen vanwege het belastingonderzoek.

Via zijn connecties in de sector wist Cho hem op een zwarte lijst te krijgen en verhinderde hij dat hij een baan kreeg in de sector, en de heer Cho werd gedwongen naar een andere sector over te stappen.

7. Voorzitter, u moet toch onderscheid maken tussen openbare en particuliere bedrijven?

De heer Han had zijn leven lang als technicus gewerkt en machines bediend in vette fabrieken. Hij stond bekend om zijn filantropische en alcoholische manieren, en hij had veel goede vrienden. Op een dag besloot hij zijn baan op te zeggen en zijn eigen bedrijf te beginnen, en hij nam enkele van zijn vroegere collega's in dienst. De relatie tussen hem en de junioren was altijd goed, want meneer Han stond bekend om zijn vriendelijkheid.

Wanneer zijn werknemers echter geld nodig hadden, vroegen ze de heer Han vaak om een voorschot in plaats van te wachten op hun gewone betaaldag. Ze vroegen Han om bedragen als 1 miljoen won (ongeveer 750 dollar) of 500.000 won (ongeveer 370 dollar) om de ziekenhuisrekeningen van hun ouders of het schoolgeld van hun familie te betalen. Hoewel de heer Han de voorzitter van het bedrijf was, benadrukten zij hun persoonlijke relatie door de titel "oudere broer" te gebruiken.

De heer Kim, die ook naar hem verwees als oudere broer, vroeg om nog eens 5.000.000 won (ongeveer 3.700 dollar) om de medische rekeningen van zijn moeder te betalen. Het bedrijf was klein en had niet de gebruikelijke voordelen zoals een bijstandsregeling, maar er was geen regel die zei dat hij het geld niet hoefde terug te betalen.

Meneer Kim: Broer, ik wil met je praten over de ziekenhuisrekening van mijn moeder.
Meneer Han: Wat is er aan de hand? Hoe gaat het met de gezondheid van je moeder?
Meneer Kim: Broer, mijn moeder moet naar het ziekenhuis en onze familie kan dat momenteel niet betalen.
Meneer Han: Dat is echt jammer. Hoeveel gaat de behandeling van uw moeder kosten?

Mr Kim: Naar verwachting kost het ongeveer 5 miljoen won (ongeveer $3.700). Mijn familie denkt dat het het beste is voor mijn moeder om snel beter te worden, en het zou een grote hulp zijn als u dat zou kunnen financieren.
De heer Han: (roept de heer Lee, de accountant) Neem 5.000.000 won op van de bank en geef 5.000.000 won aan mevrouw Kim hier.
Mr Lee: Voorzitter, we moeten de procedures en details herzien en een interne discussie voeren.
Mr Han: De CEO keurt het goed en geeft mij instructies, dus ik heb geen

procedures of details nodig. Haal het geld gewoon van de bank en geef het aan mevrouw Kim.

Om goede betrekkingen met zijn oude kennissen te onderhouden, kon de heer Han hun eisen niet weigeren en betaalde hij hen ondanks hun hardnekkigheid telkens weer. Het probleem is echter dat dit geld niet van hem is, maar van het bedrijf.

Na ongeveer een jaar van dit gedrag wist de onderneming niet hoeveel geld zij de werknemers schuldig was, omdat zij onderbezet was en de overdracht vaak niet goed verliep.

Toen het bedrijf groeide, vergeleek de nieuw benoemde financieel directeur de werkelijke boekwaarde met de boekwaarde die aan het belastingkantoor was opgegeven en ontdekte een verschil van ongeveer 200 miljoen won.

De heer Han zei echter dat het onduidelijk was wie het lang opgebouwde bedrag zou moeten ontvangen en hoe hij het nu kon ontvangen, dus zei hij dat hij ervoor zou zorgen dat dit in de toekomst niet meer zou gebeuren en dat hij het verschil tussen de werkelijke boeken en de boeken zou verkleinen.

De nieuwe financieel directeur, die het verschil van 200 miljoen won (ongeveer 150.000 dollar) goedmaakte met behulp van de traditionele gesegmenteerde boekhouding, slaagde er na meer dan een jaar werk in het gat te dichten door wijzigingen aan te brengen in de voorraadactiva, de arbeidskosten voor niet-werkende werknemers en het verkrijgen van fiscaal toegestane kasontvangsten.

De klachten en verzoeken om betaling van de werknemers gingen echter door, en het verschil met de werkelijke boekhouding groeide tot ongeveer 100 miljoen won (ongeveer 75.000 dollar). Bovendien was het een probleem dat werknemers die op verzoek van bekenden waren aangenomen, konden werken.

In één geval werd een medewerkster voor de administratie aangenomen die beweerde de dochter van een kennis te zijn, maar een non bleek te zijn, een monnik van een boeddhistische sekte. Het probleem was dat zij al meer dan tien jaar in de bergen woonde, geïsoleerd van de maatschappij en niet in staat om een computer te gebruiken of eenvoudige apparatuur zoals een geldautomaat te bedienen.

Toen ze naar de bank ging om geld op te nemen, kwam ze met lege handen terug omdat ze de geldautomaat niet kon bedienen, en haar computer crashte na het opstarten omdat ze het toetsenbord verkeerd bediende. Door het gebrek aan personeel van het bedrijf was het niet mogelijk een goede opleiding te geven en werden zij na drie maanden sociale aanpassing ontslagen.

In één geval werden twee Vietnamese werknemers via het Southeast Asian labour support system in dezelfde industrie ingehuurd om een tekort aan arbeidskrachten aan te vullen, maar een Koreaanse technicus in de buurt van de heer Han, de algemeen directeur, mishandelde hen.

Toen de Vietnamese arbeiders naar Korea kwamen, aten ze niet goed omdat het door het Koreaanse bedrijf verstrekte voedsel niet naar hun smaak was, dus nam een Koreaanse technicus hen mee naar de achtertuin van de fabriek en sloeg hen in elkaar. Op de vraag naar de reden van de mishandeling antwoordde de Koreaanse technicus dat de Vietnamese arbeiders met opzet niet hadden gegeten. Hij beweerde dat ze te zwak waren om te werken omdat ze niet hadden gegeten en hij ging ervan uit dat ze niet zouden werken.

Hij rechtvaardigde zijn aanval door te zeggen dat hij in het verleden met arbeiders uit Zuidoost-Azië had gewerkt en dat zij op deze manier veel werk verrichtten, waarbij hij beweerde dat het de bedoeling was een looncheque te innen zonder werk te verrichten.

In reactie op dit incident ondernam de heer Han, de algemeen directeur, geen enkele actie, zoals interne disciplinaire maatregelen of het indienen van een klacht, met het argument dat er tijdens het werk in de fabriek verschillende conflicten tussen werknemers konden ontstaan en dat de Koreaanse technicus die hem aanviel dit voor het welzijn van het bedrijf had gedaan en begraven moest worden.
De twee aangevallen Vietnamese arbeiders waren echter teleurgesteld over de lauwe reactie van het bedrijf en verdwenen die avond.

De heer Han, die in het industriepark de reputatie had een goed mens te zijn, begon de omzet van het bedrijf te verhogen door actieve verkoopactiviteiten en nam een klein bedrijf met 9-10 werknemers over om extra productiecapaciteit veilig te stellen.

Na de overname hield het bedrijf een diner om de nieuwe werknemers te verwelkomen en te harmoniseren met de bestaande werknemers. Na het werk hebben ongeveer 20 mensen, waaronder ongeveer 10 bestaande werknemers en 10 werknemers van het pas overgenomen bedrijf, in een restaurant in de buurt van de fabriek vlees gegrild en soju gedronken.

Een van de bestaande werknemers en een van de werknemers van het pas overgenomen bedrijf kregen ruzie, maar niemand kon hen tegenhouden en de sfeer was onverwacht gespannen.

Plotseling werd de nieuwe werknemer boos en sloeg de oude werknemer, waardoor diens lichaam opzij viel en op het rooster viel waar het vlees werd gegrild. Het vuur sloeg over naar de rug van de gevallen werknemer en mensen probeerden hem overeind te helpen, maar zijn rug was al verbrand.

Nadat hij zonder aanleiding was aangevallen door een nieuwe medewerker, nam een van de bestaande medewerkers wraak en stak de aanvaller neer met een schaar die was gebruikt om vlees te snijden, waarbij twee mensen gewond raakten.

Te midden van de chaos verwittigde het nuchtere personeel een nabijgelegen ziekenhuis en belde een ambulance, en de algemeen directeur en de financieel directeur moesten zich in de vroege ochtenduren naar het ziekenhuis spoeden om het incident te onderzoeken.

De slachtoffers eisten met klem dat de andere werknemer zou worden gestraft en vervolgd en dat een schadevergoeding zou worden betaald via het door de overheid verzekerde Workers' Compensation Scheme.

De CEO, die meer geïnteresseerd was in het onderhouden van de band met bestaande werknemers dan in het aanpakken van de omstandigheden en oorzaken van het incident, schikte de zaak door in te stemmen met de eisen van de bestaande werknemers dan met de eisen van de nieuwe werknemers die bij het bedrijf waren gekomen.

Als gevolg daarvan vertrokken de meeste werknemers van het nieuwe bedrijf, en hoewel het bedrijf een kleiner bedrijf in dezelfde bedrijfstak overnam, was het niet in staat belangrijke technici te behouden.

Teleurgesteld dat de heer Han voorrang gaf aan zijn voormalige werknemers, verliet de financieel directeur de onderneming.

Met de versnelde uittocht van werknemers die nodig waren voor de groei en ontwikkeling van het bedrijf, bleef het bedrijf over met slechts enkele werknemers die dicht bij de heer Han stonden. Veel van de nieuwe werknemers hielden het niet lang vol vanwege conflicten met deze werknemers, en het bedrijf kwam bekend te staan als een van de bedrijven met het hoogste verloop in het nabijgelegen industriepark.

Door een chronisch tekort aan technici was het bedrijf vaak niet in staat de leveringstermijnen te halen in vergelijking met de actieve verkoop, en het gebrek aan controle van de heer Han over zijn personeel leidde tot een ernstige financiële aderlating, zodat het bedrijf niet langer groeide en begon te krimpen.

Als onderaannemer van grote bedrijven ontving het bedrijf veel orders, maar kon het de leveringstermijnen vaak niet halen door een gebrek aan technici en kwam het op de zwarte lijst van de industrie te staan.
Zonder nieuwe werknemers om het bedrijf naar de toekomst te leiden en met een verslechterende financiële situatie, vroeg de heer Han faillissement aan en nam hij ontslag als directeur.

Hoewel de heer Han persoonlijk geen fondsen verduisterde en hard werkte als CEO, profiteerden zijn jongere werknemers die belangrijk voor hem waren van hem en toen de situatie van het bedrijf verslechterde, verkozen zij naar andere bedrijven te gaan om de kost te verdienen.

Ondanks de goede wil van de heer Han kwamen zijn jongere werknemers, die hem de schuld gaven van het faillissement van het bedrijf, nooit meer bij hem terug.

8 Mislukte investering in een buitenlandse entiteit

Er is een gezegde in Korea: Als je neef land koopt, krijg je buikpijn.
Wanneer iemand die je als concurrent ziet succesvol wordt, heb je het gevoel dat je net zo succesvol moet zijn, en dat kan leiden tot buitensporige investeringen. Het kan ook leiden tot emotionele beslissingen.

Toen Mr. Chun, een selfmade ondernemer, zag dat Mr. Hong, die hij qua bedrijfsgrootte als een concurrent zag, in Vietnam een groot gebouw had neergezet en in de media kwam, werd hij ambitieus om met zijn bedrijf in Vietnam hetzelfde succes te bereiken.

Er was een tijd dat Zuid-Korea massaal investeerde in Vietnam met de illusie van succes. Toen de praktische resultaten van investeringen in China niet de resultaten opleverden waarop Koreaanse bedrijven hadden gehoopt, vanwege beperkingen op de repatriëring van winsten, strengere voorschriften voor werknemers, hogere arbeidskosten en de verscherping van de beperkingen voor buitenlandse bedrijven door de Chinese regering, werd Vietnam een populair alternatief.

Vietnam is met name een confuciaans land met een soortgelijke culturele achtergrond als Korea, en de hoge groei in Vietnam werd gezien als vergelijkbaar met de hoge groei in Korea in de jaren zeventig en tachtig. Na getuige te zijn geweest van het groeiproces in Korea in de jaren '70 en '80, dachten zij dat als zij hun ervaring in Korea konden overbrengen naar Vietnam, zij veel succes zouden hebben.

Als de Koreaanse ervaring zich in Vietnam zou herhalen, meenden zij, dan zouden degenen die die periode hadden meegemaakt weten hoe zij het risico kunnen beperken door in de toekomst van Vietnam te investeren.

Er bestond echter ook onzekerheid over wanneer de repatriëring en uitkering van door buitenlandse bedrijven behaalde winsten zou worden beperkt of gereguleerd, zoals de beperkingen die de Maleisische regering stelde aan nalatige overmakingen aan buitenlanders tijdens de valutacrisis van 1997 die Zuidoost-Azië, waaronder Thailand, Indonesië, Maleisië en de Filippijnen, trof.

In Vietnam was het politieke risico nog groter, aangezien het land nog steeds een staatseconomie is en de communistische partij nog steeds aan de macht is.

Geïnspireerd door het succes van de heer Hong in Vietnam ging de heer Chun onmiddellijk op zoek naar investeringsmogelijkheden in het land en werd hij voorgesteld aan een bedrijf in Koreaanse handen. Wegens de strenge Vietnamese beperkingen op buitenlandse investeringen moest Cheon echter een indirecte route volgen door een papierbedrijf op te richten en gebruik te maken van een Singaporese onderneming om de beperkingen te omzeilen.

Omdat hij geen ervaring had met overzeese investeringen, richtte de heer Chun in Singapore een papierbedrijf op met een adviesbureau dat zich bezighield met de vestiging in Singapore, en tekende een contract voor dat bedrijf om de Vietnamese onderneming over te nemen.
De herziening van de wijziging van de meerderheidsaandeelhouder en de vergunningen in Vietnam werd echter pas na meer dan een jaar goedgekeurd, en intussen bleven de vaste kosten van de onderneming in Singapore oplopen.

Na anderhalf jaar werd het administratieve proces in Vietnam afgerond en kreeg de heer Chun, die het zich niet kon veroorloven personeel naar de Vietnamese operatie te sturen, de leiding over de onderneming van de Zuid-Koreaan die haar aan hem had verkocht.

Hoewel de loonkosten voor Vietnamese werknemers aanzienlijk lager waren dan in Korea, konden de lagere loonkosten niet worden overgedragen op de Koreanen die in Vietnam werkten, en de Koreaanse manager moest bijna de helft van de loonkosten van de Vietnamese onderneming betalen. Bovendien moest de onderneming de huisvesting en andere kosten van de directeur betalen.

Toch was er geen alternatief, omdat het veel goedkoper was dan een andere Koreaan naar Vietnam te sturen of een Koreaanse zakenman in Vietnam als directeur aan te stellen.

De Koreaanse zakenman had het bedrijf verkocht toen het onrendabel werd en hij geen toekomstvisie kon ontwikkelen. Hij had ook ambitieuze plannen om uit te breiden naar andere gebieden zoals onroerend goed.
De plaatselijke manager, die al vele jaren in Vietnam werkte, had geen ongelijk en het bedrijf bleef in het rood staan, zelfs nadat de vergunning was verleend.

De vaste kosten van het bedrijf bleven ongewijzigd en het hoofdkantoor in Zuid-Korea, dat geen betrouwbaar persoon naar Vietnam kon sturen, moest vertrouwen op telecommunicatie om de situatie ter plaatse te begrijpen.

Anders dan in Zuid-Korea, waar bedrijven gewend zijn hun uitgaven met kaarten te doen, worden de uitgaven in Vietnam nog steeds contant betaald. Dit heeft geleid tot een gebrek aan transparantie in de uitgaven van het bedrijf en zelfs tot gevallen van onderduiken met het geld van het bedrijf.

De plaatselijke Koreaanse vertegenwoordiger, die wist dat het Koreaanse hoofdkantoor geen andere opties had, stelde verschillende eisen aan de heer Chun, zoals de uitbetaling van middelen, leningen en registratie als werknemer van het Koreaanse hoofdkantoor, en de heer Chun weigerde botweg de eisen van de plaatselijke Vietnamese vertegenwoordiger.

Ook werd vastgesteld dat de werknemer die belast was met de uitgaven van de onderneming parkeergeld van bezoekers had geïnd en aan zijn baas had betaald, hoewel de onderneming daarvoor naar verluidt geen kosten in rekening bracht.

Het Koreaanse hoofdkantoor van de onderneming, dat niet op de hoogte was van de situatie ter plaatse, kon echter moeilijk real-time informatie over

Vietnam krijgen totdat het te laat was en ontsloeg de voor dit incident verantwoordelijke werknemer.

De verduistering door deze werknemers ging door, maar het Koreaanse hoofdkantoor was niet in staat controles op te zetten omdat het moeilijk was andere Koreanen naar de regio te sturen en het zich niet kon veroorloven een intern controlesysteem op te zetten en toe te passen.

De onderneming probeerde de verkoop te verhogen door verschillende marketinginspanningen, maar de verkoop nam niet toe en de uitgaven daalden niet.
Terwijl het tekort van het bedrijf bleef oplopen, werd Vietnam getroffen door een coronavirus-pandemie die het bedrijf dwong zijn activiteiten stop te zetten.

Lokale overheden in Vietnam, die niet over voldoende middelen beschikten om vaccins te kopen, bezochten buitenlandse bedrijven en dwongen hen tot vrijwillige donaties, en sommige bedrijven werkten mee met vrijwillige donaties uit angst voor represailles van lokale overheden als zij weigerden te betalen.

In deze situatie stuurde de heer Chun, geconfronteerd met onredelijke eisen van de Koreaanse algemeen directeur, de heer Yang, het hoofd van het overzeese bedrijfsteam van een door het Koreaanse hoofdkantoor overgenomen gelieerde onderneming, naar Vietnam en vroeg hem op te treden als algemeen directeur van de plaatselijke dochteronderneming in Vietnam.

Aangezien hij echter geen kennis had van Vietnam en geen zakelijke ervaring, verwachtte niemand dat de heer Yang zijn rol als CEO zou kunnen vervullen. Nadat hij de rol van CEO op zich had genomen, bezocht de heer Chun de Vietnamese onderneming om te zien hoe deze functioneerde. De heer Yang, die hem op deze reis vergezelde, reed hem rond in Vietnam om hem het gebied te laten zien.

Tijdens de rit had de heer Chun dorst vanwege het hete weer in Vietnam, dus keek hij naar de verkopers van palmsap buiten het voertuig en zei verschillende keren dat hij palmsap wilde drinken.
De heer Yang stopte het voertuig, betaalde met zijn eigen geld ongeveer 2 dollar, kocht een palmsap en bracht het naar de heer Chun. Nadat het palmsap aan hem was overhandigd, werd meneer Chun plotseling erg boos en zei.

Je runt je Vietnamese zaak zo slordig dat je niet uit de rode cijfers komt. Ik keek eerder uit het raam en zag veel sap van 1 dollar, maar nu koop je sap van 2 dollar, dus je ziet hoeveel geld je verspilt.

Met deze woorden las Chun Yang ongeveer 10 minuten de les aan de kant van de weg in Vietnam waar de auto stilstond.
Terug op kantoor schold hij haar uit over een document van één pagina dat hij in het kantoor had gevonden.

"Kijk naar de inhoud van dit document. Het gaat over bedrijfsvoorschriften en er staan zoveel spel- en typefouten in. Alleen daaraan kan ik al zien hoe slecht uw werkvaardigheden en kennis zijn".

De heer Yang protesteerde dat hij een Vietnamees-Koreaanse tolk had gevraagd de in het Vietnamees geschreven interne voorschriften in het Koreaans te vertalen nadat hij CEO van de Vietnamese dochteronderneming was geworden, en dat hij de tik- en spelfouten had laten staan omdat hij de enige Koreaan in het bedrijf was en hij de enige was die ze moest begrijpen, maar de heer Chun verwierp dit als excuus.

Naarmate de sluiting, die slechts enkele maanden zou duren, aansleepte, begon het Koreaanse hoofdkantoor voor te stellen dat het bedrijf zich uit Vietnam moest terugtrekken. Met oplopende verliezen en geen hoop op verbetering in de toekomst, leek het steeds waarschijnlijker dat de Vietnamese activiteiten ten dode waren opgeschreven.

Terwijl het tekort door de extra kosten opliep, stopte het Koreaanse hoofdkantoor met het betalen van de driemaandelijkse huur en stapelden de aanmaningen van de verhuurder zich op.

Omdat hij niet wilde toegeven dat zijn investering was mislukt, zocht de heer Chun een doorbraak door na te denken over zijn bedrijf in Vietnam en zijn contacten te ontmoeten. Hij werd verleid door een kennis die hem vertelde over een landontwikkelingsplan in een nabijgelegen gebied en besloot betrokken te raken bij het project, dat meer dan 1 miljoen US$ zou kosten, en gaf zijn personeel opdracht een bod op het project voor te bereiden.

In Vietnam is grond over het algemeen eigendom van de staat en het is mogelijk om grond te ontwikkelen op basis van een langlopende pachtovereenkomst. Als de grond wordt geleasd, zou de onderneming bijvoorbeeld een gebouw op de braakliggende grond bouwen, een erfpachtcontract voor 40 jaar ondertekenen en het vervolgens terugverhuren aan de huurder.

De praktijkmensen, die erop stonden de zaken in Vietnam te doen, bleven er bij de heer Chun op aandringen opnieuw te overwegen of het wel verstandig was nog een miljoen dollar of meer in het ontwikkelingsproject in Vietnam te investeren na de tot dusver geleden verliezen, en brachten de heer Chun er uiteindelijk toe van het ontwikkelingsproject af te zien.

De huur van de Vietnamese vestiging was nog steeds achterstallig en het was niet bekend welke maatregelen de verhuurder zou nemen indien de betalingsachterstand zou aanhouden, aangezien de verhuurder behoorde tot een organisatie die nauwe banden had met het Vietnamese leger.

Het Vietnamese personeel ter plaatse waarschuwde dat zij bedreigd en aangevallen konden worden door Vietnamese bendes, en de borgsom die zij aan de verhuurder hadden betaald was bijna op na aftrek van de achterstallige huur.

Toen de heer Yang de heer Chun over de situatie vertelde, adviseerde de heer Chun hem slechts de zaak in der minne te schikken met de verhuurder.
In deze wanhopige situatie droeg de heer Chun de heer Yang plotseling op de verhuurder een brief te sturen met het verzoek hem te informeren over het bedrag dat de verhuurder voornemens was te betalen voor de erfpachtrechten op de door de plaatselijke Vietnamese onderneming gehuurde grond.

De verhuurder begreep niet waarom een bedrijf dat achterliep met zijn huur de erfpachtrechten voor een stuk grond dat meer geld zou kosten, zou willen kopen en dacht dat dit een smerige truc was om de maatregelen die hij tegen de huurder kon nemen, zoals het afsluiten van elektriciteit en water, uit te stellen.

De verhuurder stelde een ultimatum aan de heer Yang, die met gevaar voor eigen leven het Vietnamese bedrijf runde, en eiste dat hij zou verhuizen binnen een door de verhuurder vastgestelde termijn, inclusief het afsluiten van elektriciteit en water.

Toen de heer Yang dit aan de heer Chun meedeelde, zei deze hem dat hij niet werkeloos kon toezien hoe de verhuurder het door de Vietnamese dochteronderneming gebouwde gebouw gebruikte en droeg hem op uit te zoeken hoeveel het zou kosten om het kantoorgebouw af te breken.
De heer Yang begreep niet waarom de onderneming de extra kosten van de sloop van het gebouw moest dragen, terwijl het opgelopen tekort zo groot was en het goedkoper zou zijn gewoon te verhuizen, maar hij had geen andere keuze dan de instructies van de heer Chun op te volgen.

Via zijn Vietnamese contacten vond Yang een sloopbedrijf dat aanbood het gebouw bijna gratis te slopen, op voorwaarde dat het schroot, afval enz. na de sloop zou worden meegenomen.

De heer Yang ondertekende een contract met het bedrijf en begon met de sloopwerkzaamheden op de dag van de geplande sloop. Toen de sloop echter moest beginnen, stormde een groep mensen het bedrijf binnen en ontstond er een fysieke woordenwisseling tussen hen en het sloopteam, zodat de sloop werd stopgezet.

De verhuurder, die het gebouw wilde houden zoals het was, had mensen gestuurd om de sloopwerkzaamheden tegen te houden, en het sloopbedrijf zette de heer Yang onder druk om schadevergoeding te eisen voor het niet nakomen van het contract.

Inwoners van Vietnam adviseerden de heer Yang zo snel mogelijk naar Zuid-Korea te vluchten, omdat hij zowel door de verhuurder als door het sloopbedrijf bedreigd zou worden.

Uit angst voor zijn leven ontvluchtte de heer Yang nog dezelfde nacht Vietnam en keerde terug naar Korea.

Gelukkig werd een deel van het geld op de bankrekening van het Vietnamese bedrijf overgemaakt naar een papierbedrijf in Singapore en werden de Vietnamese werknemers van tevoren ingelicht over het faillissement van het bedrijf, zodat er geen verdere slachtoffers vielen, maar bij de liquidatie bleef weinig over.

9. Naast de baas, is de vrouw van de baas ook de voorzitter

De heer Bang, die noodlijdende bedrijven in Zuid-Korea overneemt, deze herstructureert en vervolgens verkoopt of naar de beurs brengt om zijn investering terug te verdienen, stuitte op een artikel in de media over de verkoop van een bedrijf ter waarde van 1 biljoen won (752 miljoen dollar).

Hij informeerde bij andere bedrijven in de sector of hun grootaandeelhouders bereid waren te verkopen en ontdekte dat een van de vier of vijf grootste bedrijven dat was.

Het bedrijf met een waarde van 1 biljoen won was de marktleider, en het bedrijf dat op de vierde of vijfde plaats stond was te koop voor ongeveer 10 miljard won (7,5 miljoen dollar).

Hoewel het leidende bedrijf en het te koop staande bedrijf niet vergelijkbaar waren in termen van omzet en andere economische indicatoren, besloot de heer Bang dat de waarde van het bedrijf erg goedkoop was, dus verzamelde hij investeerders en begon het bedrijf over te nemen.

Nadat hij de investeerders had overtuigd en het overnameproces had geleid, slaagde de heer Bang erin een minnelijke schikking te treffen met de meerderheidsaandeelhouder van de onderneming, die de onderneming liever vroeger dan later wilde verkopen, en tekende hij een management buy-out contract.

Aangezien de heer Bang echter geen ervaring of kennis van de sector had, benoemde hij de heer Kim, een kennis die CEO was geweest van een soortgelijke onderneming, tot CEO en nam hij de heer Lee, een registeraccountant en senior executive van een financiële instelling, in dienst als Vice President.

De heer Kim, die tot CEO was benoemd, was naar buiten toe zachtmoedig en beleefd, maar hij was autoritair en liet zich graag als zodanig behandeld. Hij nam aan dat de heer Lee, de jongere vice-president, door de heer Bang was gestuurd om hem in de gaten te houden en ging er daarom van uit dat hij verantwoordelijk was voor het geld of de administratie.

Aan de andere kant was de heer Lee, de vice-president, zeer teleurgesteld dat de CEO, de heer Kim, alleen in zijn kamer goedkeuringsdocumenten ondertekende en zich niet naar buiten toe inspande, dus vroeg hij de heer Kim naar de verkoopvloer te gaan, maar de antipathie van de heer Kim jegens de heer Lee maakte het conflict alleen maar groter.

Bijna een jaar na de overname gingen de prestaties van het bedrijf bergafwaarts, het ambitieuze PR-plan van de vice-president werd bekritiseerd als geldverspilling en het vertrek van belangrijk verkoop- en managementpersoneel leidde tot een ernstig personeelstekort.

Freelancers werden ingehuurd om op korte termijn brandjes te blussen, maar door het constante personeelsverloop verliep de overdracht niet soepel en waren er vaak conflicten tussen oud en nieuw personeel.

De heer Bang belde voorzitter Kim en vice-voorzitter Lee van tijd tot tijd om informatie te krijgen over de situatie van het bedrijf, maar zowel Kim als Lee gaven elkaar de schuld van de verslechterende prestaties van het bedrijf. Omdat hij hun rapporten niet kon vertrouwen, besloot de heer Bang dat de persoon die hij het meest kon vertrouwen zijn vrouw was, dus benoemde hij zijn vrouw Jin tot accountant van het bedrijf om de juistheid van haar rapporten te controleren.

Mevrouw Jin, de vrouw van de heer Bang, was een huisvrouw die slechts één jaar had gewerkt na haar studie. In het begin was mevrouw Jin bescheiden en begon de situatie van het bedrijf te leren kennen door vragen te stellen aan het personeel. Maar door haar gebrek aan kennis en ervaring kon ze de subjectieve bedoelingen van de mensen die haar informatie gaven niet begrijpen en accepteerde ze die, wat leidde tot onnodige misverstanden en wantrouwen.

Toen mevrouw Jin voor het eerst bij het bedrijf kwam, zei ze dat ze na een korte werkperiode naar haar gezin zou terugkeren omdat het woon-werkverkeer te lastig was, maar omdat ze thuis niet goed werd behandeld en als leider van het bedrijf met gezag en respect werd behandeld, begon ze ervan te genieten en werd ze geleidelijk autoritair.

Zowel de heer Kim, de voorzitter van het bestuur, als de heer Lee, de vice-voorzitter van het bestuur, vonden mevrouw Jin, de vrouw van de meerderheidsaandeelhouder, erg lastig, vooral omdat zij niet met hen kon discussiëren, hen onder druk zette en haar stem verhief om hen te beledigen.

Mevrouw Jin drong er bij haar man, de heer Bang, op aan dat de heer Kim, de algemeen directeur, en de heer Lee, de plaatsvervangend algemeen directeur, het bedrijf verkeerd beheerden en dat zij ontslagen moesten worden. Aangezien het echtpaar buiten werktijd veel tijd met elkaar doorbracht, werd de heer Bang steeds meer gehersenspoeld door hun argumenten.

Uiteindelijk eiste de heer Bang dat de heer Kim, de chief executive officer, en de heer Lee, deputy chief executive officer, vrijwillig ontslag zouden nemen, en zij voldeden aan zijn eisen. De heer Bang stuurde iemand van het hoofdkantoor om hem te helpen met de administratieve taken en benoemde hem tot directeur, maar mevrouw Jin was de echte directeur en de nieuwe directeur was slechts in naam directeur en had geen gezag.

Zij stond erop dat het personeel haar toestemming moest krijgen als het meer dan een dollar aan bedrijfskosten wilde uitgeven, en zij eiste dat alle ontwerp-documenten ter goedkeuring aan haar werden voorgelegd. De inefficiëntie was zodanig dat elke dag honderden documenten zich opstapelden voor goedkeuring, en het personeel in de goedkeuringslijn kon zich niet concentreren op zijn werk omdat het ze moest ondertekenen.

En zelfs als de CEO iets goedkeurde, werd het vaak ongeldig verklaard omdat mevrouw Jin, de auditor, de eindbeslisser was en het personeel dacht dat zij de CEO was.

Veel van haar instructies waren ongehoord en leidden er vaak toe dat ervaren teamleiders die al lang bij het bedrijf werkten haar met een blik van minachting en minachting aankeken. Mevrouw Jin had een complex over haar onervarenheid en zwakheden, en ze had het gevoel dat deze medewerkers op haar neerkeken en haar verachtten, dus wilde ze wraak nemen.

Een maand later belde mevrouw Jin het hoofd van de HR-afdeling en gooide zijn papieren voor zijn voeten, waarop het hoofd van de HR-afdeling onmiddellijk zijn ontslag indiende. Het werk van de HR-afdeling werd overgedragen aan het hoofd van de financiële afdeling, die niet bekend was met het werk van de HR-afdeling, en hoewel hij af en toe fouten maakte, was dat niet erg.

Hoe meer het hoofd financiën echter betrokken raakte bij het HR-werk, hoe meer zij beweerde dat het hoofd financiën een politieke figuur was met ambities om algemeen directeur of leidinggevende te worden, en dat het hoofd financiën alleen zijn werk moest doen als hoofd financiën. Dit soort management creëerde een vacuüm in veel bedrijfsfuncties.
Mevrouw Jin eiste dat de CEO werknemers ontsloeg die ze niet mocht of waarmee ze conflicten had, werknemers die niet gelukkig waren met haar, enzovoort.

Mevrouw Jin, die geen verkoop- of managementervaring had, negeerde tijdens salarisonderhandelingen verzoeken van het personeel om salarisverhoging, drong aan op bevriezing of kleine verhogingen en presenteerde de resultaten als haar successen op het gebied van kostenbesparing.

Het lage salarisniveau in vergelijking met andere bedrijven in de sector leidde echter tot een hoog verloop en het bedrijf leed een ernstig productiviteitsverlies door het vertrek van ervaren personeel en een onevenredig aantal nieuwkomers.

Dit gebrek aan productiviteit leidde tot veelvuldige arbeidsongevallen, en telkens wanneer zich een ongeval voordeed, moest de nominale manager zich verontschuldigen en werd hij berispt door de klanten in plaats van mevrouw Jin, die eigenlijk de manager was.

De onbekwaamheid en onverantwoordelijkheid van mevrouw Jin bij het onderzoek van de ongevallen leidde tot het ontslag van de algemeen directeur en uiteindelijk werd de heer Bang, de echtgenoot en uiteindelijke eigenaar van mevrouw Jin, algemeen directeur van de onderneming.
De heer Bang was verantwoordelijk voor het beheer van zowel het hoofdkantoor als de onderneming, hetgeen betekende dat hij heen en weer moest reizen tussen de twee ondernemingen en extra geld in de onderneming moest pompen om de dalende verkoop en het geaccumuleerde tekort van de onderneming te dekken.

Hoewel de heer Bang de voorzitter van het bestuur werd, negeerde mevrouw Jin, de accountant, vaak de mening van de heer Bang in formele vergaderingen, en het onvermogen van de heer Bang om zijn mening te laten gelden met de stem van mevrouw Jin leidde ertoe dat het personeel mevrouw Jin de voorzitter noemde in plaats van de accountant.

Zelfs tijdens openbare vergaderingen verwierp mevrouw Jin de mening van de heer Bang door hem te vertellen dat hij de interne situatie van het bedrijf niet kende en dat zij gelijk had omdat zij al lang bij het bedrijf werkte.

In het bedrijf deden geruchten de ronde dat mevrouw Jin een scheiding van de heer Fang had geëist en dat de heer Fang zo ontzet was bij het vooruitzicht de helft van de aandelen van het bedrijf waarvoor hij zijn hele leven had gewerkt aan mevrouw Jin te moeten overdragen, dat hij aan haar wensen begon te voldoen om een scheiding van mevrouw Jin te voorkomen.

Na de verandering van directeur was de heer Bang, die in waarzeggerij zoals feng shui geloofde, van mening dat de ondergang van het bedrijf werd veroorzaakt door werknemers die dingen deden die volgens feng shui niet mochten worden gedaan, of dat het kantoormeubilair was opgesteld op een manier die volgens feng shui niet goed was.

Hij vond ook dat de pech van belangrijke werknemers de ontwikkeling van het bedrijf in de weg stond, dus nam hij maatregelen zoals het veranderen van het kantoormeubilair en het overplaatsen van werknemers met pech. Werknemers moesten zitten en werken in de richting die gunstig was volgens de feng shui theorie, en er waren ook bewegingsbeperkingen zodat ze door de achterdeur moesten gaan in plaats van de voordeur.

Ongeacht hoe goed iemand was, de heer Bang controleerde hun geboortetijd en de vier pijlers van het lot, en als ze niet goed waren, nam hij ze niet in dienst.

Toen de verkoop van het bedrijf kelderde, bekritiseerde mevrouw Jin de teamleiders vaak rechtstreeks tijdens vergaderingen en de stress leidde ertoe dat steeds meer teamleiders en managers psychiatrische hulp zochten.

Er was ook een incident waarbij mevrouw Jin een presentatie bijwoonde om een project te winnen, en toen de inhoud van de presentatie van de algemeen directeur hem niet aanstond, nam hij het podium over en gaf de presentatie zelf.

Toen de algemeen directeur echter niet met een microfoon het podium betrad en mevrouw Jin de scherpe, professionele vragen van de aanwezigen niet kon beantwoorden en het project verloor, berispte mevrouw Jin de algemeen directeur omdat hij het podium niet betrad en zei zij in een officiële vergadering dat zij het project verloor vanwege de algemeen directeur.

Het gedrag van mevrouw Jin leidde tot het vertrek van veel gestreste teamleiders en hoger personeel, en de productiviteit van het bedrijf daalde omdat vanwege de lage salarissen geen getalenteerd personeel kon worden aangetrokken.

In één team was het verloop zo hoog dat slechts één van de tien teamleden langer dan een jaar bij het bedrijf werkte, en er was weinig opleiding voor nieuwe werknemers en geen maatregelen ter voorkoming van ongevallen.

Het hoofdkantoor van het bedrijf zag een kans op rendement en verstrekte middelen door extra investeringen, maar de verkoopresultaten vertoonden geen tekenen van verbetering.

De autoritaire houding, onverantwoordelijkheid en incompetentie van mevrouw Jin leken echter niet te verbeteren en de uittocht van belangrijk personeel, waaronder de algemeen directeur, ging door.

De situatie van het bedrijf, die positief was geworden toen de heer Bang het overnam, veranderde niet en ondanks de inspanningen van het hoofdkantoor om fondsen te injecteren, moest het bedrijf na een jaar of twee het faillissement aanvragen.

Zelfs na het faillissement bleven de heer Bang en mevrouw Jin beweren dat de reden voor het faillissement van het bedrijf de schuld was van de heer Kim, de CEO, en de heer Lee, de vice-president, die zij na de overname in dienst hadden genomen.

Voor meer informatie kunt u contact opnemen met: anddy.park2014@gmail.com